DE L'ORGANISATION

DES

TRAVAUX PUBLICS

ET DE LA

RÉFORME

DES PONTS-ET-CHAUSSÉES

PAR

F. CANTAGREL.

PARIS,

LIBRAIRIE SOCIÉTAIRE, RUE DE BEAUNE, 2,

Aux bureaux de la Démocratie Pacifique,

ET LIBRAIRIE PHALANSTÉRIENNE, QUAI VOLTAIRE, 25.

1847

—

Une grande partie de cette brochure a été insérée dans la *Démocratie pacifique*, en août, septembre et octobre 1847.

—

Imprimerie LANGE LÉVY et Cᵉ, rue du Croissant, 16.

TABLE.

AVANT-PROPOS.

L'auteur de cet écrit projetait depuis longtemps la publication d'un travail sur l'*Organisation des Ponts et chaussées.* Il a appris, par une expérience de douze années, tout ce que l'administration gaspille de fonds, tout ce qu'elle perd de forces vives ; il a vu combien elle sait mal encourager, récompenser, organiser.

En 1840, il signait, avec tous les conducteurs du département de la Seine, une pétition sur laquelle l'ordre du jour fut demandé et facilement obtenu par M. Legrand, sous-secrétaire d'État des Travaux publics, affirmant que l'administration se préoccupait du sort de ses employés.

Bien que, vers cette époque, l'auteur ait résigné ses fonctions, il n'en a pas moins continué à faire, de la question des Ponts et chaussées, l'objet de sa constante sollicitude ; et c'est dans l'intérêt de l'État non moins que dans celui des Conducteurs, ses anciens camarades, qu'il réunissait les éléments d'un projet d'organisation comprenant une réforme dont la nécessité est reconnue par tous les hommes compétents et désintéressés.

Il préludait à ce travail par la publication de quelques articles.

Ainsi, en 1844, appuyant dans la *Démocratie pacifique* la proposition de M. d'Haussonville, sur l'Organisation des fonctions publiques, il écrivait, à l'adresse des Conseils généraux, les lignes qui suivent :

« Nous croyons devoir demander un vote spécial pour une classe d'agents que MM. les membres des conseils généraux sont à même d'apprécier, pour être en rapport suivi et presque obligé avec eux. Nous voulons parler des conducteurs des ponts et chaussées.

» L'administration des ponts et chaussées dépense une grande partie des revenus de l'État ; c'est à elle aussi qu'est remis l'emploi des fonds des départements affectés à l'ouverture et à l'entretien des routes départementales, et même, dans certaines localités, l'emploi des fonds affectés aux chemins de grande vicinalité ; et c'est aux agents dont nous venons de parler qu'est confiée la surveillance des plus importantes constructions qui s'exécutent avec ces trois sources de revenus publics ; c'est sur les conducteurs des ponts et chaussées que repose toute la moralité des dépenses affectées à ces constructions. — L'ingénieur d'arrondissement, occupé de calculs, de projets, absorbé par la direction de l'ensemble de son service et par l'expédition des affaires courantes, ne peut ni ne doit descendre à la constatation de ces mille détails, ne peut surveiller l'application sincère de toutes ces prescriptions—d'où dépend la bonne ou la mauvaise exécution des travaux. Il en résulte que, si les conducteurs chargés de cette surveillance manquent de probité ou de capacité, les intérêts de l'État, des départements et des communes sont gravement compromis.

» Eh bien ! nous le demandons, n'y a-t-il pas péril à enfermer ces utiles agents dans le cercle d'une position subalterne et mal rétribuée, dont ils ne peuvent jamais sortir, même à force de mérite et de services rendus ? N'y a-t-il pas péril à compter sur l'abnégation d'employés à qui l'on ne ménage d'ailleurs aucune espèce d'équivalent ?

» Ici nous sommes obligés d'adresser de vifs reproches à l'Administration générale. Toutes ces choses lui ont été dites et redites ; elles ont été écrites par des inspecteurs généraux appartenant au corps des ponts et chaussées. Bon nombre d'ingénieurs professent que le temps est venu de rendre aux conducteurs la justice qui leur est due. Tout le monde est prévenu, tout le monde convient du danger, et il y a eu des sinistres.

» Des sinistres ? Mais, en songeant à ce qu'il faut de zèle, d'intelligence, de connaissances, pour remplir, surtout dans certains cas, les difficiles et ingrates fonctions de conducteur, et en réfléchissant que les émoluments de cet emploi oscillent entre 1 000 et 2 000 francs, jamais plus ! on est tenté de s'écrier avec Figaro : «Aux vertus qu'ils exigent chez leurs inférieurs, les fonctionnaires supérieurs connaissent-ils beaucoup d'entre eux qui fussent capables d'être subordonnés ?

» En 1812, les soldats du train, privés de chefs et n'ayant devant eux aucun espoir d'avancement, sacrifièrent la grande armée à leur salut particulier. Ceci est écrit quelque part dans l'ouvrage de M. de Ségur.

» Les conducteurs, qui ne veulent sans doute pas agir comme ces soldats du train, réclamaient déjà sous la Restauration. Ils dénonçaient, comme contraire au vœu formel de la Charte, le décret de 1804 (7 fructidor an XII), qui ne permet pas aux conducteurs d'obtenir jamais le grade d'ingénieur. Ils demandaient et ils demandent encore aujourd'hui qu'on ne leur ferme pas en réalité la barrière que la Charte

de 1814 et celle de 1830 ont ouverte à tous les citoyens. — Ils demandent que l'on fasse pour eux ce que l'on a fait pour les sous-officiers
de l'artillerie qui peuvent devenir officiers ; ils demandent qu'on leur
ménage un avancement, fût-ce aux conditions les plus dures et après
les examens les plus rigoureux.

» Qu'a-t-on fait? rien ! On n'a pas même touché à la fiction des
conducteurs non embrigadés, qui établit entre ces agents déjà si sacrifiés deux catégories dont l'une seulement a des droits à une mince
retraite après trente ans de service. On n'a rien fait ! et les meilleurs
employés se sont vus réduits à chercher ailleurs la juste rémunération
de leurs connaissances, de leur activité, de leur expérience acquise ;
et la conduite des travaux est restée trop souvent abandonnée à des
mains inhabiles et qu'aucun lien ne rattache à l'intérêt général.

» Entre-temps, depuis 1830, l'administration des ponts et chaussées s'est vue accusée, non sans raison, de n'être pas organisée pour
l'exécution des grands travaux de chemins de fer. En 1838, cette objection seule eût été assez puissante pour renverser le projet de
M. Molé. Le moyen de détruire cette accusation était bien simple. Il
fallait : 1° diminuer la complication du mécanisme administratif qui
met des obstacles à tout ; 2° organiser sur des bases plus larges et
plus rationnelles le corps entier des ponts et chaussées, — ingénieurs
et conducteurs, — et surtout ménager des grades à ces derniers.

» Eh bien ! au lieu de répondre aux accusations de ses adversaires
en se mettant sérieusement en mesure d'exécuter vite et bien les
grands travaux d'utilité publique, l'administration générale a repoussé
toutes les plaintes des conducteurs, elle a rejeté toutes leurs demandes, soit collectives, soit individuelles, les premières sous prétexte
qu'elle ne doit pas les tolérer, les secondes sous prétexte qu'elle s'occupe activement du sort des conducteurs.

» Et, pour empêcher à l'avenir ces pacifiques manifestations, on a
fait savoir aux conducteurs qu'ils doivent perdre l'espoir d'obtenir les
prérogatives qu'ils demandent, et on les a sommés de se reposer sur
l'initiative et la *bienveillance éprouvée* de l'administration (1) ; et des
destitutions, ou, pour parler plus exactement, des changements de résidence qui équivalaient à des destitutions, ont été signifiés à quelques conducteurs de Paris !...

» Mais dira-t-on, d'où provient cette résistance, cet aveuglement de
l'administration ou plutôt du directeur général, et pourquoi préfère-
t-il compromettre l'intérêt du corps distingué qu'il représente, plutôt
que de rien changer au *statu quo* ? Eh ! mon Dieu ! la réponse est
bien simple. Comme tous les corps organisés dans une société non

---

(1) Circulaire du 10 mars 1843.

organisée, le corps des ponts et chaussées a des tendances à l'exclusivisme. Ces tendances se révèlent à l'extérieur comme à l'intérieur.

» Extérieurement, tout le monde le sait, le corps des ponts et chaussées repousse systématiquement les inventions, les projets présentés
par tout homme étranger au corps, et c'est bien à lui que peut s'appliquer la formule :

« Nul n'aura de génie hors nous et nos amis.

» Intérieurement, il se cantonne dans ses privilèges de corporation,
à ce point qu'il ne veut pas admettre, même exceptionnellement, des
hommes qui pourraient lui rendre des services réels et dont il ne fait
que des employés mécontents et découragés.

» Nous reviendrons sur cette question. Pour aujourd'hui, nous n'a-
vons voulu que rappeler aux conseils-généraux les injustices que
comporte l'organisation actuelle du corps des ponts et chaussées, les
inconvénients, les dangers même de cette organisation, et provoquer
de leur part, en même temps qu'un vote général sur la question des
garanties administratives, un vote spécial en faveur des conducteurs
des ponts et chaussées. »

En 1845, dans un article ayant pour titre : *Causes de la déca-
dence du corps des ponts et chaussées*, où l'on traçait la ligne de
conduite qu'aurait dû suivre l'administration générale, nous disions :

« Pour obtenir un concours plus régulier, plus actif, plus intelligent, tant dans l'exécution que dans l'exploitation des nouvelles voies
ouvertes par ses soins, la direction générale eût rattaché, et pour ainsi
dire associé à son œuvre cette masse d'agents secondaires qu'elle renferme obstinément dans un cercle où il n'y a place que pour le dégoût,
l'inertie et les inspirations mauvaises ; elle eût, par des concessions
progressives, ouvert à toutes ces intelligences dont elle ne tire qu'un
fort médiocre parti, la porte de l'avancement, qu'on ne peut refuser
sans injustice et sans danger aux services rendus, à la capacité duement constatée ; elle eût fait cesser, pour les conducteurs, cet ilotisme
décourageant qui n'a disparu autour des anciennes corporations d'états
que pour reparaître plus tyrannique, plus choquant, plus odieux, sous
notre régime d'égalité, autour de la corporation des ingénieurs.

» En échappant ainsi, sur ce point du moins, au reproche trop mérité d'exclusivisme qui est dirigé contre elle, la direction générale se
fût mise en mesure de repousser l'accusation d'impuissance qui lui a
été faite,—accusation sous le poids de laquelle sont demeurés amis et
ennemis,—accusation humiliante en présence des marques de puissance offertes chaque jour par des hommes isolés, par des ingénieurs

civils,—accusation vraiment intolérable pour un corps qui n'est faible que parce qu'il n'est pas homogène, parce qu'on tient soigneusement isolés les nombreux et réels éléments de force qui sont en lui. »

En 1810, nous appuyions de toutes nos forces les justes critiques dirigées contre l'administrrtion des ponts et chaussées par une commission de la Chambre des députés, et notamment par M. de l'Espée. Nous montrions que, pour être sérieuses, les améliorations administratives demandées par cet honorable député, devaient être profondes.

Des travaux d'une nature plus impérieuse nous ont constamment détourné d'une étude qui, pour être menée à bonne fin, exigeait quelques jours d'un travail spécial.

Nous ne voulions, en effet, nous ne pouvions nous restreindre dans la question de *pure réforme*.

Les Ponts e chaussées touchent à toutes les grandes branches de l'administration publique; la question des ponts et chaussées soulève d'autres questions d'administration et même d'organisation sociale.

Or, la contemplation des intérêts généraux peut seule donner la juste mesure des intérêts spéciaux; dans tout corps organisé, la connaissance de la fonction et des besoins d'un organe particulier suppose celle de la vie d'ensemble. Avant de modifier les rapports des organes secondaires, il faut donc explorer l'organisme total. Pour nous guider dans la recherche des réformes que réclame l'administration des ponts et chaussées, il nous paraissait indispensable d'en étudier avant tout la vie complexe et les rapports généraux.

Ce travail vient d'être produit par un ingénieur des ponts et chaussées, M. J.-B. Krantz, dans deux écrits publiés par la Librairie Sociétaire, et qui ont pour titres : l'un, *Étude sur l'application de l'armée aux travaux d'utilité publique*; l'autre, *Projet de créa   on d'une armée des travaux publics.*

On conçoit, rien qu'en l'énonçant, que l'hypothèse d'une Armée des travaux publics renferme un vaste idéal dont le Corps actuel des ponts et chaussées n'est qu'une réalisation embryonnaire. En examinant cette hypothèse dans son organisme et dans ses effets, nous nous élèverons donc naturellement à une hauteur de vue et à des généralités telles que nous pourrons envisager d'un œil sûr chacun des points de la question secondaire, mais *actuelle*, mais urgente, qui devra ensuite nous occuper.

Exposées avec une supériorité incontestable, les idées de M. Krantz puisent dans la position même de l'auteur une grande force d'autorité.

Félicitons-nous de n'avoir, pour ainsi dire, qu'à suivre ses traces; montrons d'abord combien son plan renferme de conséquences grandioses et de promesses d'avenir, et nous aurons ensuite le droit d'y ajouter nos propositions touchant les mesures que réclame le présent.

CHAPITRE PREMIER.

DE L'APPLICATION DE L'ARMÉE

AUX TRAVAUX D'UTILITÉ PUBLIQUE.

Exposé.

Les hommes de réflexion qui ont accepté comme réalisable dans un avenir prochain la grande idée de Fourier sur l'organisation et la conduite des *Armées productives*, ne seront point étonnés d'apprendre quelles difficultés de tous les ordres soulève le problème de l'application de l'armée aux travaux d'utilité publique,—ce mode de transformation des légions destructives en légions industrielles. Ils n'en seront point étonnés, car ils savent combien les sociétés civilisées sont rétives à tout progrès ; ils savent aussi qu'il est toujours plus facile et plus rationnel de créer de toutes pièces une institution nouvelle que d'approprier à un but nouveau une institution vieillie qui a tous les préjugés de sa fonction spéciale, de son passé, de sa routine, de sa gloire même. Ainsi l'architecte est bien plus à l'aise pour construire, sur un terrain libre, un commode et splendide palais, que pour rendre à peine habitable un édifice qui avait d'abord une autre destination.

Mais cependant la France tient constamment sous les drapeaux 550 mille hommes, tous robustes, tous bien constitués. Ces hommes s'ennuient ou même se dépravent dans la vie de garnison. Ils se déshabituent du travail, ils désapprennent le métier qu'ils commençaient à exercer avec profit lorsque le sort est venu réclamer les sept plus belles années de leur vie. Pourquoi la paix n'utiliserait-elle pas, dans leur intérêt propre comme dans l'intérêt général, ces têtes, ces bras, ces muscles que la Providence ne destinait pas à l'inaction, et qui n'ont d'activité efficace que pour la guerre? Appliquons donc à nos travaux publics toute cette force, toute cette intelligence aujourd'hui perdues.

Soldats, à la pioche! à la truelle! à l'enclume! Reboisez les montagnes, desséchez les marais, endiguez les fleuves, irriguez les vallées; donnez à la France de belles voies de communication, de belles fontaines, de superbes monuments; donnez-lui tout ce qui fait la prospérité et la splendeur de la patrie, tout ce qui en rehausse la puissance et la grandeur. Soldats, dédaigneriez-vous d'imiter ces légions romaines dont la renommée ne périra qu'avec le monde? Hésiteriez-vous à marcher sur les traces de vos frères d'Afrique, de ces nobles enfants de la France, qui savent mener de front les travaux guerriers et les glorieuses conquêtes de la paix?

Voyez! vous êtes plus forts que tant d'ouvriers qui se nourrissent et vous nourrissent du travail de leurs bras. Et vous vous laisseriez entretenir par la nation, sans lui rendre, en travail productif, l'équivalent du pain qu'elle vous donne! Non! vous enrichirez le pays en vous enrichissant vous-mêmes! Car il est juste que votre solde se ressente des avantages que vous procurerez à l'État, et ces avantages seront d'autant plus grands, qu'étant plus vigoureux, vous serez dirigés par des chefs habiles, disposant de toutes les ressources, de tous les instruments économiques qu'une grande et prévoyante organisation peut seule mettre à la portée du travailleur.

Vous ferez plus encore. — Aujourd'hui, le penseur, tout en déplorant les nécessités de la guerre, est forcé de reconnaître que, même en temps de paix, le régiment est un puissant moyen de civilisation. Les écoles régimentaires, en développant votre intelligence, — les déplacements que vous subissez, en vous mettant en face des contrastes que présentent les mœurs diverses des diverses contrées, — préparent la fusion des races, et font tomber les préjugés séculaires. C'est un grand bienfait. Vous en produirez un autre. Le travailleur, — le travailleur isolé, — est routinier de sa nature. En vain on lui vante les instruments perfectionnés; s'ils ne sont maniés sous ses yeux, chaque jour, longtemps, avec succès, le travailleur les dédaigne, et continue à suivre ses méthodes vicieuses et surannées. Ces préjugés, cette routine, le spectacle de la belle ordonnance de vos travaux et de vos ateliers les détruira de toutes parts.

Allez, généreux bataillons. Tantôt travailleurs, tantôt soldats, sachez alterner du chantier à la place d'armes ; et, profitant des loisirs de la paix, prouvez, par la grandeur même de vos œuvres, que vous êtes dignes et capables de les défendre au besoin contre les tentatives de l'étranger.

Evidemment — rien, au premier abord, ne semble plus simple qu'une telle idée, plus facile à exécuter qu'un tel projet ! Il paraît absurde que la France de 1830 ait dépensé, en quinze ans, 5 milliards 450 millions pour faire exécuter la charge en douze temps à des hommes qui, durant cet espace, auraient pu produire pour 5 milliards de travaux de toute nature. On se demande à quoi songe une société qui laisse perdre ou donne à dévorer à la centième partie de sa population quelque chose comme le tiers de son revenu fiscal...

Objections et réponses.

Oui, mais voici venir le cortège des objections :

C'est d'abord l'objection légiste qui vous dit que vous n'avez pas le droit d'imposer le travail au soldat. Le soldat a le devoir de défendre la patrie, il a le droit de ne pas l'enrichir. Vous pouvez lui demander son sang, vous ne pouvez lui demander sa sueur. — En vain vous faites remarquer que le travail n'est pas une charge, mais un délassement, mais un avantage que tous les soldats réclament, ne fût-ce que comme moyen d'augmenter leur solde et d'améliorer leur ordinaire. Il n'importe ; on vous répond que vous allez commettre une illégalité, — comme si le pouvoir souverain qui a frappé le lourd impôt de la conscription ne pourrait pas, pour en diminuer les charges, offrir au conscrit un travail utile à l'État et à lui-même !

Vient ensuite l'objection guerrière qui vous demande compte de la discipline. — A peine quelques officiers sauraient-ils diriger des travaux d'art ou même de simples travaux de terrassement. Que deviendra l'esprit militaire si le soldat s'aperçoit que le chef qui a commandé la manœuvre au Champ-de-Mars ne paraît pas même sur le chantier dont la manœuvre lui est totalement inconnue? Soumis ici à un nouveau chef, il perdra là le respect hiérarchique et par suite l'esprit de subordination. — En vain vous dites que l'on exigera des officiers les connaissances nécessaires pour manier le niveau et l'équerre et pour conduire une brigade de travailleurs ; que supposer les officiers incapables d'acquérir ces connaissances serait leur faire insulte ; que cela devient indispensable dans un temps où le travail va se réhabilitant, où le culte du travail devient assez général pour n'avoir rien à craindre du dédain des ignorants ou des incapables, et qu'enfin les choses se passent ainsi déjà en Algérie, où la discipline n'a pas apparemment cessé de se maintenir.—On vous répond que l'Afrique n'est pas la France, que l'officier n'est pas un travailleur, et que vous proposez en réalité la désorganisation de l'armée.—Vous pourriez répliquer, vous pourriez affirmer, avec le général Schneider, que « la force de la discipline n'a fait que gagner » chez les soldats employés aux fortifications de Paris ; mais à quoi bon vouloir convaincre des esprits prévenus ?...

D'autres objectent que vous ne pourriez, dans tous les cas, employer aux travaux que l'infanterie. — Vous vous appuyez alors de l'autorité du maréchal Bugeaud, qui propose, après en avoir fait en Afrique l'heureuse expérience, d'établir les troupes à cheval dans les grandes fermes, et qui pose en principe que *le fumier d'un gros animal, s'il est bien employé, peut nourrir la bête et l'homme qui la soigne.* — Ah ! bien, oui ! couper court à la vie de caserne ! faire du soldat un cultivateur ! !...

Le véritable obstacle.

Alors vous concluez avec le capitaine Ferdinand Durand, avec tous ceux qui ont écrit en faveur de l'application de l'armée aux travaux publics, qu'il n'y a au fond qu'un obstacle à la réalisation de cette grande réforme en France, savoir : l'orgueil mal placé des chefs et l'obstination routinière des officiers, obstination aveugle qui ne tend à rien de moins qu'à compromettre l'avenir même de l'armée, si elle refuse d'accepter l'esprit nouveau et de se transformer—dans une société où tout subit la transformation.

L'État y perd-il ?

Mais, dit-on, faisons le compte, et vous reconnaîtrez que l'emploi du soldat comme travailleur est onéreux à l'État.

Il est vrai,—dans les expériences qui ont été faites, notamment en Vendée, l'État a éprouvé un déficit. Mais pourquoi ? Parce qu'on a remis au soldat tout ce qu'on avait calculé comme constituant la différence entre le prix de sa journée et ses frais d'entretien, c'est-à-dire

0, 68 c. par jour, au lieu de ne lui remettre que ce qui, le soldat nourri et l'État indemne, fût resté à l'État comme bénéfice, en calculant les travaux exécutés comme s'ils l'eussent été par les moyens ordinaires.

Aux fortifications de Paris, l'État se serait trouvé en déficit, dit-on, de plus de 2 millions. Oui, si vous comptez pour rien la valeur de ces barraquements et de ces agrandissements d'hôpitaux que vous portez au chapitre des dépenses ; non, si vous tenez compte de cette valeur très positive. Et si vous calculez le surcroît de dépenses qu'auraient exigé la main d'œuvre et l'extraction des matériaux, au cas où, pour d'aussi grands travaux, vous vous fussiez bornés aux ouvriers civils, vous trouverez qu'en définitive l'emploi des troupes a largement profité au Trésor.

Ce que le soldat y gagne.

Mais le soldat lui-même y a-t-il gagné ? Oui, sous le rapport moral, car le soldat a constamment été gai sur les chantiers, et l'on a employé comme punition le refus d'admission au travail. Oui, sous le rapport pécuniaire, car le général Schneider nous apprend que la plupart des régiments de la division avaient, au compte des soldats, de 70 à 90 mille francs en dépôt dans les caisses d'épargne. Oui, enfin, sous le rapport de la santé, puisque, toujours d'après M. Schneider, le taux moyen des malades a été de 1 sur 50 et même sur 40, au lieu de 1 sur 19, qui est la proportion moyenne des garnisons. Nous le demandons à tout homme de cœur, ce résultat, constaté sur les chantiers de l'Ouest, en Algérie, et partout où l'armée a concouru à un travail productif, ce résultat sanitaire n'est-il pas à lui seul un bénéfice suffisant, important, décisif ?

Diverses causes d'insuccès.

Mais dans quelles circonstances ont été faites ces expériences ? — Aux fortifications de Paris, pour obtenir 7 200 travailleurs, on a réuni et logé une division de 26 000 hommes, c'est-à-dire trois fois plus qu'il n'en fallait, aux termes du règlement. — Et de même en Vendée. — A Paris, comme en Vendée, il y avait sur le chantier un chef pour six soldats, quand un surveillant suffit habituellement pour trente hommes.

Dira-t-on que cette proportion est nécessaire, même pour obtenir du soldat moins de travail que de l'ouvrier civil ? Non, car le soldat désire et demande le travail, et le ministre de la guerre constate, dans son compte-rendu de 1843, que « la troupe n'a aucune répugnance au travail lorsque ses chefs s'y montrent favorables. » On pourrait donc soutenir, au contraire, que le trop grand nombre de chefs porte un premier préjudice aux travailleurs en ce qu'il grève le résultat définitif du travail commun, et un second préjudice au travail en ce que trop souvent les chefs s'y montrent ouvertement hostiles, et c'est ce qui a eu positivement lieu en Vendée.

Et puis tenez compte de l'inexpérience du soldat, et vous découvrirez pourquoi il ne produit en général que les deux tiers environ du travailleur civil. C'est qu'en effet, quoi qu'en puissent croire ceux qui, dédaignant la pioche et la truelle, n'admettent d'occupation noble que le maniement du mousquet, ce n'est pas du premier jour que l'on forme un bon maçon, un bon charpentier, voire même un habile terrassier. Sans douce, là comme partout, la force musculaire ne nuit pas; mais elle ne peut remplacer ni l'adresse ni l'habitude. Et l'on a constamment reconnu que, vers la fin des expériences précitées, les produits pour un même nombre d'hommes étaient sensiblement plus considérables qu'au début.

Enfin nous pourrions demander si l'on a su développer, sur le chantier, — d'escouade à escouade, — de régiment à régiment, — ce même esprit de corps et d'émulation, qui enfante des prodiges en face de l'ennemi, et que les ingénieurs, les entrepreneurs mêmes savent quelquefois utiliser en partie, soit par le moyen des tâches, soit par des hautes paies ?—On n'y a pas même songé...

Toutes ces causes *actuelles* d'infériorité du soldat en face du travailleur civil, tous ces obstacles *relatifs*, dont le principal se trouve, on ne saurait trop le répéter, dans la mauvaise disposition des chefs, dans leur répugnance pour les travaux de la paix, M. l'ingénieur J.-B. Krantz les réduit à leur juste valeur. C'est l'objet de son premier écrit, *Étude sur l'application de l'armée aux travaux d'utilité publique.* Outre l'analyse des ouvrages sur la matière, signés des noms que nous avons cités plus haut, on y trouve l'examen des idées de MM. Duvivier, Oudinot, Larréguy, de Girardin et enfin de M. Michel Chevalier qui, dans ses cours au Collège de France, a cherché à établir, sur des raisons d'ordre historique et philosophique, la nécessité (le croirait-on ?) de la permanence de la guerre. *Quantùm mutatus ab illo!*

Conclusion de ce chapitre.

Après avoir exploré intégralement le domaine des opinions émises sur la grande question qui nous occupe, l'auteur en fait l'historique, et, s'appuyant sur des chiffres incontestables, il propose, comme étant de nature à rendre fructueux l'emploi de l'armée sur les chantiers, les règles et conditions suivantes :

« 1° Faire reconnaître en principe, par les pouvoirs législatifs, le *droit* et le *devoir* de l'État d'appliquer l'Armée aux travaux d'utilité publique ;

» 2° Exiger des officiers d'infanterie les connaissances élémentaires de l'art de l'ingénieur ; des officiers de cavalerie les connaissances élémentaires de l'art agricole ;

» 3° Faire diriger les soldats par leurs officiers, éclairer au besoin ces derniers par l'avis d'un homme spécial, civil ou militaire ;

» 4° Placer les troupes de cavalerie dans de grandes fermes qu'elles exploiteraient ;

» 5° Donner aux troupes d'infanterie des travaux courants de terrassements et maçonnerie ordinaires ; au génie des travaux difficiles de maçonnerie et terrassements, tels que grands ponts et souterrains ;

» 6° Charger l'artillerie de la construction des ponts en bois, en fer, en fonte, des ponts suspendus ;

» 7° Donner, autant que possible, ces travaux à la tâche, en bloc, au corps qui en sera chargé ; les lui accorder aux prix ordinaires d'entreprise, et lui supprimer tout ou partie de la subvention du ministère de la guerre ;

» 8° Si le corps travaille en régie, lui réserver, pour être partagée suivant les prescriptions réglementaires, la moitié du bénéfice produit par son travail, aussi bien dans les exploitations agricoles que sur les chantiers ;

» 9° Mettre les soldats à la tâche, et les laisser librement s'organiser en petites brigades de travailleurs dans chaque compagnie ;

» 10° Avoir soin que leur besogne soit variée, et qu'ils ne fassent pas constamment le même ouvrage ;

» 11° Tenir compte, pour l'avancement des officiers, sous-officiers et soldats, de leur zèle et de leur aptitude au travail ;

» 12° Mettre à la caisse d'épargne le tiers de l'indemnité du soldat ;

» 13° Rappeler, par une inscription ou un monument, le nom du corps qui a exécuté un grand ouvrage, celui de son commandant, et les circonstances principales de l'exécution ;

» 14° Enfin, et par dessus tout, une dernière condition avec laquelle le succès n'est pas toujours certain, mais sans laquelle il est toujours impossible : *Avoir la ferme volonté de réussir.* »

M. Krantz croit donc avec nous, avec M. Schneider, avec M. le maréchal Bugeaud, avec M. le capitaine Durand et tant d'autres, que l'application de l'armée aux travaux publics sera utile au pays, utile au Trésor, utile surtout à l'armée elle-même. Mais il reconnaît que cette grande entreprise présentera de sérieuses difficultés, tant que le soldat ne sera pas devenu un peu ouvrier, l'officier un peu ingénieur, et qu'une réconciliation sincère ne sera pas opérée sur ce point entre les chefs de l'armée et les idées nouvelles.

Mais, pour arriver au but que rêvent tous les hommes soucieux de la fortune et de la grandeur de la France, n'y a-t-il d'autre voie que la transformation de l'armée de la guerre en armée de la paix ? Ne pourrait-on, à côté de nos régiments actuels, organiser des régiments à base productive ? Tel est l'objet du second écrit de M. Krantz : *Projet de création d'une armée des travaux publics.*

CHAPITRE DEUXIÈME.

—

DE LA CRÉATION

D'UNE ARMÉE DES TRAVAUX PUBLICS.

Urgence d'une mesure positive.

Bien que ses études l'aient conduit à admettre, à proposer l'utilisation industrielle de l'armée, M. Krantz reconnaît que cette mesure ne saurait entièrement satisfaire aux besoins nouveaux de notre époque. « Sans renoncer, dit-il, à utiliser pour les œuvres de la paix un vieil instrument de guerre, il faut songer dès à présent à forger les outils de l'avenir. »

Critique du mode actuel d'exécution.

Plus le département des Travaux publics prend d'importance et de développement, plus on doit se hâter de faire disparaître les inconvénients du mode actuel d'exécution. *Manque d'une surveillance organisée,*—fausse position des entrepreneurs que ruine la concurrence ou qu'enrichit le concert frauduleux, — position plus fausse encore des agents chargés de les contrôler, depuis le conducteur, absorbé par des travaux de rédaction et de bureau, jusqu'au chef d'atelier temporaire, trop peu rétribué pour qu'un homme capable puisse songer à mettre au service d'une administration qui le congédiera demain, des connaissances que l'entrepreneur est en état de rémunérer bien mieux ;— *accroissement ou dépression subite de la main-d'œuvre,* ayant pour causes, d'une part, la coalition des ouvriers contre l'entrepreneur ou des entrepreneurs contre les ouvriers, et, d'autre part, la mauvaise répartition des travaux et des allocations sur les différents points du pays ; — *grèves et désordres* de tous genres ; — *création d'une population nomade et dangereuse* ; — *vices du recrutement des cantonniers, gardes, éclusiers*, et mauvaise organisation de leur travail ; — *insuffisance des secours donnés aux ouvriers blessés* ;— tels sont les principaux griefs que tout le monde adresse à l'administration des Travaux publics, et que M. Krantz rappelle dans son second écrit.

Des conducteurs des ponts et chaussées.

Le chapitre consacré aux conducteurs des ponts-et-chaussées vient trop bien confirmer ce que nous avons dit nous-mêmes sur ces utiles fonctionnaires, et ce que pensent, nous le savons, bon nombre de jeunes ingénieurs ; ce chapitre fait trop d'honneur au libéralisme de M. Krantz, pour que nous ne le transcrivions pas ici :

» Fausse position des conducteurs.

» L'avancement des conducteurs des ponts-et-chaussées est aujourd'hui très borné. Ils peuvent, en conservant les mêmes fonctions, passer par six échelons successifs, du grade d'auxiliaire de troisième classe à celui d'embrigadé de première, et du traitement de 1 000 fr. à celui de 2 000 fr. Mais là s'arrête leur carrière, et, si capables qu'ils puissent être, ils n'ont aucun espoir d'arriver jamais au grade d'ingénieur.

» Cependant on exige d'eux une instruction étendue, on leur fait subir des examens comparables à ceux de l'école de Saint-Cyr, ils font sur les chantiers un service rude, délicat et quelquefois dangereux. Ils manient sans cautionnement des sommes considérables, peuvent recevoir jusqu'à 20 000 fr. d'avances du trésor, et surveillent des entrepreneurs qui auraient grand intérêt à les gagner.

» J'ajoute encore, et ceci est nécessaire après ce que je viens de dire: la plupart sont laborieux et zélés dans une position qui devrait éteindre toute ardeur, restent probes au milieu de la pauvreté et des tentations.

» Vainement cherchera-t-on à justifier la position faite aux conducteurs, en disant que rien ne force ces agents à entrer dans l'administration, qu'ils y viennent de leur plein gré et ne sauraient être admis à porter plainte contre les limites trop étroites d'une carrière qu'ils ont librement acceptée. Oui, c'est très vrai, ils l'ont librement acceptée, si l'on entend qu'ils n'y ont pas été forcés par deux gendarmes, très peu librement, si l'on tient compte de la nécessité où ils sont tous, de travailler pour vivre.

» Si minime que soit un emploi de l'État, on trouve toujours des gens et en grand nombre pour le solliciter. Le gouvernement doit-il profiter de cette affluence pour imposer des conditions dures, blessantes ou contraires à l'équité? Evidemment non, car ce serait tout simplement spéculer sur le désordre social et la misère publique ; or, si une pareille spéculation est tolérable chez un particulier, qui ne peut rien à ces désordres et à ces misères, elle serait coupable chez un gouvernement auquel ces malheurs peuvent, jusqu'à un certain point, être reprochés.

» Un gouvernement qui se respecte, doit déterminer les avantages inhérents à la position de chacun de ses agents, non d'après le calcul des concessions qu'il peut obtenir, la misère aidant, mais en se rendant compte de ce que conseille la prudence et de ce que prescrit l'équité. Or, ici évidemment la prudence conseille de ne pas exposer la fragilité humaine à de trop rudes épreuves, de ne pas laisser manier des sommes considérables par des hommes qui sont aux prises avec le besoin, de ne pas charger ces hommes de la surveillance de grands travaux, où une cécité de quelques jours peut leur valoir les appointements d'une année; ou bien, si l'on continue à les charger de missions aussi délicates, de venir en aide à leurs bons sentiments, à leur probité, par la perspective d'avantages sérieux. L'équité prescrit de ranger autant que possible, dans la hiérarchie des fonctions, les hommes suivant leur capacité, et de ne pas faire de la pauvreté un crime irrémissible.

» Mais, pour que des vérités aussi évidentes aient été méconnues jusqu'à ce jour, pour que leur mise en pratique ait été combattue par des hommes de cœur et d'intelligence comme les ingénieurs des ponts-et-chaussées, il faut de toute nécessité que l'avancement des conducteurs présente de sérieuses, de presqu'insurmontables difficultés.

» Mon intention n'est pas ici de dire : *Périsse le corps plutôt qu'un principe.* Je ne ferai pas cette injure au principe que je défends et au corps auquel j'ai l'honneur d'appartenir, d'admettre qu'ils ne peuvent subsister qu'au détriment l'un de l'autre. Je les crois parfaitement compatibles ; mieux encore, j'admets et je prouverai, au besoin, que le corps gagnera à la mesure équitable que je soutiens, mais à cette condition toutefois, qu'elle sera réalisée prudemment, après un sérieux examen de l'injustice qu'elle doit réparer, et après une étude attentive des conditions d'entrée dans la nouvelle carrière qu'elle doit ouvrir aux conducteurs.

« Je vais essayer de faire cette étude complexe, et auparavant je vais dire d'où viennent aujourd'hui les conducteurs des ponts-et-chaussées.

» Ils ont deux origines distinctes.

» Les uns, sortis de familles peu aisées, sont allés aux écoles d'arts et métiers de Châlons et d'Angers, ou bien se sont formés près de nous, d'abord copistes dans nos bureaux, puis dessinateurs, puis surveillants et piqueurs aux chantiers ; ils ont acquis, les ingénieurs aidant, toutes les connaissances nécessaires à leur admission dans le corps des conducteurs.

» Les autres, appartenant à des familles aisées, ont fait leurs études universitaires, quelques-uns mêmes sortent de l'École centrale, et beaucoup en sortiraient, si la carrière des conducteurs était aujourd'hui moins bornée.

» Au point de vue de l'équité, la position de ces deux classes de conducteurs est-elle la même, ont-ils les mêmes droits, peuvent-ils élever les mêmes réclamations? Evidemment non.

» Aux réclamations des derniers on peut justement opposer la fin de non recevoir suivante :

» Par votre position de fortune vous pouviez aborder les études qui mènent à l'École Polytechnique, rien ne vous en empêchait, la lice vous était ouverte. Si vous ne vous êtes pas présentés, c'est votre faute, et non la nôtre, vous n'avez rien à réclamer ; si vous avez subi les examens et n'avez pas été reçus, c'est probablement par manque de travail, de connaissances ou de capacité, et dans ce cas-là encore nous ne vous devons rien.

» Il y aurait même imprudence de notre part à lever les barrières que vous n'avez pu franchir d'un plein saut (1).

» D'ailleurs, que nous apporterez-vous en fait d'instruction que nous n'ayons déjà? Vous procédez par la théorie comme les ingénieurs actuels; seulement vos connaissances sont moins étendues, et à tout prendre, leur théorie vaut mieux que la vôtre, car l'École Polytechnique et celle des Ponts-et-Chaussées n'ont rien à envier à l'École centrale.

» N'ayant rien à attendre de vous et ne vous devant rien, nous pouvons nous refuser à modifier, dans votre intérêt, l'organisation d'un corps puissant; car une pareille innovation, accomplie sans nécessité, serait une très grande faute.

» D'ailleurs aujourd'hui les travaux de l'État ne sont pas les seuls qui puissent utiliser une forte instruction scientifique. L'industrie privée est là, qui attend avec ses importants travaux et ses splendides rémunérations les plus capables d'entre vous; loin de chercher à les

---

(1) Les cours que l'on suit à l'École Polytechnique et à celle des Ponts-et-Chaussées ne sont pas à coup sûr tous nécessaires. En les imposant, on a pour but de développer l'intelligence des élèves et de leur apprendre à travailler. Les examens bien passés dans le délai voulu prouvent que le but est atteint. Egalement bien passés au bout de cinq ou six ans, ils ne prouvent plus autant, et il faut avoir recours à d'autres épreuves. (Note de M. Krantz.)

attirer à notre corps, nous devons au contraire, dans l'intérêt général et dans le leur même, les en éloigner.

» Il est bon, en effet, que dis-je? nécessaire, indispensable, qu'il y ait en dehors de nous des ingénieurs civils nombreux et capables; car en dehors des travaux publics, il y a des travaux privés importants et difficiles qui doivent, dans l'intérêt même d'une sage économie des ressources de la nation, être éclairés par les lumières de l'art.—Il est bon et nécessaire également qu'il y ait ardente rivalité entre les ingénieurs de l'État et les ingénieurs civils. Ces rivalités font faire de grands efforts à tous, et le pays en profite.

»Que les enfants perdus de l'un et de l'autre corps fassent dégénérer cette rivalité en querelle, que certains ingénieurs civils portent une envie haineuse aux ingénieurs royaux, que parfois ceux-ci témoignent un dédain peu mérité à leurs confrères libres, tout cela est dans l'humaine faiblesse, n'a rien qui doive nous surprendre ni même nous affliger ; ce sont choses très naturelles et dont on ne s'aperçoit pas en regardant d'un peu haut.

» Il est bon, même pour les ingénieurs civils, je dis ceux qui ont du mérite, d'être en dehors de notre administration. Ils trouvent la fortune dans une carrière honorable et justement considérée. Dans la nôtre on parvient à l'estime publique, mais on n'acquiert jamais la fortune. Croit-on qu'il ait été bien fâcheux pour Brunel de n'être pas entré dans le corps des ponts-et-chaussées? Evidemment non. Il n'aurait pas eu l'occasion d'exécuter les travaux qui l'ont rendu célèbre, et aurait encore les maigres appointements d'un ingénieur en chef ou d'un inspecteur.

» Ainsi donc, je le répète, à ceux qui ont pu aborder les concours ouverts par l'État pour le recrutement de ses corps savants, et ne l'ont pas voulu, à ceux qui ont concouru et n'ont pas réussi, l'État, en stricte équité, ne doit exactement rien.

» Les conducteurs provenant de familles riches, ou ayant pu faire leurs études universitaires et aller à l'École centrale, n'ont pas plus le droit de réclamer contre la disposition qui leur refuse l'avancement que l'étudiant repoussé à ses examens de médecine n'a le droit de réclamer le libre exercice de la profession à laquelle il n'a pas su s'élever.

» Mais, je l'ai dit, ce n'est là qu'une petite partie du corps des conducteurs. La plus nombreuse, la plus utile et la plus intéressante, à coup sûr, est celle des jeunes gens sortis de familles peu aisées. Les uns sont allés aux écoles d'arts et métiers d'Angers et de Châlons ; les autres se sont formés dans nos bureaux et sur les chantiers, écrivains ou dessinateurs tout d'abord, puis chefs d'ateliers, piqueurs, et enfin conducteurs. Ils ont fait leur carrière à force de travail et de persévérance. — Parmi ces derniers, il en est beaucoup qui ne sont pas à la hauteur d'un service d'ingénieur, et que la confection des projets, l'é-

tude des questions contentieuses, la discussion des affaires administratives jetteraient dans un grand embarras.—Mais il en est d'autres
aussi dont la haute intelligence se plierait à une éducation tardive, et
qui, avec un peu d'aide, acquerraient facilement les notions de droit
et d'administration qui leur manquent pour faire un bon service.
D'autres encore, et ce n'est pas le moindre nombre parmi ces conducteurs d'élite, sont doués d'un esprit inventif, sont nés mécaniciens, et
rendraient les plus grands services dans une position qui leur per-
mettrait d'utiliser leur talent. Exemple : Brunel et nombre de ses anciens
collègues restés inconnus.

» Voilà les hommes auxquels il est juste d'ouvrir un plus large avenir et de permettre l'accès aux positions supérieures du corps des
ponts-et-chaussées.

» Tout le monde gagnera à cet acte d'équité. Comme nous, et plus
que nous encore, fils de leurs œuvres, les conducteurs qui parvien-
dront porteront avec honneur l'uniforme d'ingénieur qu'ils auront la-
borieusement conquis. Leurs camarades, moins heureux, se sentiront
également ennoblis par la position nouvelle à laquelle ils pourront
aspirer. Ils grandiront à leurs yeux et aux yeux du public.

» A son tour l'administration y gagnera. Par ce nouveau recrutement elle opposera aux hommes qui procèdent tout d'abord, et quelquefois exclusivement par la théorie, des hommes qui ont commencé
par la pratique et ne la mépriseront jamais. Cette diversité d'origine
introduira dans le corps une diversité d'aptitude dont une administration habile sait toujours profiter. On aura, quoi qu'il arrive, des
hommes propres à tous les services.

» Et le zèle nouveau qui attachera les conducteurs à leurs devoirs
par l'espoir de l'avancement, et l'émulation qui naîtra mieux qu'aujourd'hui entre les ingénieurs divers d'origine, suffiraient seuls à
payer à l'administration sa tardive équité.

» J'entends d'ici crier : Et la camaraderie, et l'esprit de corps, que
vont-ils devenir ? Ce qu'il plaira à Dieu, et s'ils s'éteignent, le mal sera
petit. Entre gens d'honneur exerçant un ministère qui exige les études
du savant et la dignité du magistrat, les relations seront toujours con-
venables, et souvent faciles et agréables, pour peu qu'il y ait concor-
dance d'âges et d'humeurs. Si ces conditions manquent, la camaraderie
ne fera que couvrir d'un faux semblant d'amitié, des dispositions froi-
des ou haineuses, et, en vérité, je ne vois pas quels avantages on peut
y trouver.—Quant à l'esprit de corps proprement dit, il consiste moins,
en général, dans une communauté d'affection et d'estime pour tous
ceux que le corps renferme, que dans une communauté de jalousie et
de dédain pour tous ceux que le corps laisse en dehors de lui, et,
comme l'a dit Béranger, il rend souvent le bon sens solidaire de la

sottise : je ne vois pas non plus que l'on gagne beaucoup à le con-
server.

» Autre objection plus grave : par le temps de favoritisme qui court,
prenez garde d'innover, me dira-t-on ; vous ouvrez la porte dans un
corps justement considéré à des hommes qui en étaient injustement ex-
clus. Au point de vue de stricte équité, vous avez raison ; en théorie,
votre operation est excellente ; mais dans la pratique combien il en
sera différemment? Je vois d'ici le mérite humble et pauvre , privé de
tout appui, se présenter timidement à la porte, se faire petit pour entrer, et passer devant lui, radieuse, superbe et contente, la nullité pro-
tégée.

» L'objection est sérieuse, mais elle me rappelle précisément que
je n'ai encore exposé que les préliminaires de cette grave question. Le choix des voies et moyens devra répondre à toutes les difficultés.

» J'ai dit que l'avancement devait être facilité à ces jeunes gens pauvres d'écus, mais riches d'intelligence, qui ont commencé leur carrière
dans nos bureaux ou sur les chantiers. Mais il convient auparavant de
les élever à la hauteur des fonctions qu'ils doivent remplir, et pour
cela de leur donner une éducation théorique convenable, et de compléter, en la variant, leur éducation pratique.

» J'ai dit également que l'on pouvait sans injustice refuser l'avancement à ceux qui, appartenant à des familles aisées, ayant reçu une
éducation analogue à la nôtre, n'ont pas pu ou pas voulu subir les
rudes épreuves par lesquelles nous avons passé. Mais, comme tout système d'exclusion porte en soi un caractère fâcheux, une seule règle
devra être faite pour tous. Un noviciat pratique sera imposé à tous,
pendant un temps suffisamment long, pour que personne n'ait jamais
intérêt à se dispenser des études de l'École Polytechnique, et que le
grade d'ingénieur soit toujours la récompense d'épreuves scientifiques
victorieusement subies ou de longs services sur les chantiers.

» Quant aux nullités que le népotisme voudrait frauduleusement introduire dans le corps, des examens publics et multipliés devront en
faire justice.

» Le problème se ramène donc à celui-ci :

» Trouver un système d'emploi de conducteurs qui permette de donner à ces agents des leçons de science, d'administration, de comptabilité ;

» De les astreindre en même temps à une pratique variée au moyen
de laquelle ils passeront en revue toutes les operations usitées dans
l'art de construire ;

» Rendre cette application pratique assez longue pour que jamais
les demi-éducations théoriques ne se servent de ce moyen pour s'introduire dans un corps où elles n'étaient pas appelées ;

» Couronner ce système d'éducation par des examens publics qui fassent justice sévère de toutes les nullités auxquelles on voudrait donner accès dans le corps. »

Avantages immédiats d'une armée des travaux publics.

Nous avons énuméré plus haut les vices du mode actuel d'exécution des travaux publics. Dans l'hypothèse d'une Armée organisée en vue de ces travaux, ayant ses corps de terrassiers, de mineurs, de charpentiers, de maçons, etc., divisés eux-mêmes en régiments, bataillons, compagnies, et commandés par des ingénieurs et des conducteurs, on peut dire qu'à la place de chacun des vices signalés, se trouve un avantage; par exemple : — *éducation professionnelle des classes ouvrières*, — *popularisation des meilleures méthodes de construction et des meilleurs outils*, — *bonne surveillance des travaux*, — de ceux du moins qui seront encore livrés à l'entreprise, car on peut prévoir qu'à mesure que l'Armée des travaux publics s'étendra, l'adjudication avec tous ses inconvénients fera place à une régie dont la forte organisation donnera, entre autres garanties, celle d'une excellente exécution. En effet, sans trop nuire à la considération des entrepreneurs des ponts-et-chaussées, il est permis d'affirmer que, si le peuple-roi avait confié à des traitants ces grands édifices qui font l'admiration des constructeurs modernes, nos archéologues n'auraient à s'extasier aujourd'hui, ni sur la solidité des monuments romains, ni sur la durété du ciment qui porte leur nom.

Transformation dans les idées.

Nous avons dit que le concours des troupes dans l'exécution des fortifications de Paris, a suffi pour empêcher le renchérissement de la main-d'œuvre et prévenir les grèves; on conçoit tout de suite que l'Armée des travaux publics obtiendra partout des résultats pareils. On peut même entrevoir le moment où, les professions diverses se trouvant reliées dans une puissante organisation, il se produira une transformation dans les idées des travailleurs, et, par suite, dans les rapports des différents *Devoirs*. Là où l'incohérence sociale avait introduit l'hostilité et la haine, l'unité d'action fera naître l'esprit de charité et d'association. Comment les travailleurs ne renonceraient-ils pas à leurs hostilités séculaires, du jour où, au lieu d'avoir à lutter sur un champ de production trop restreint, ils pourront s'enrôler li-

brement, comme *compagnons de travail*, dans une institution qui comprendra tous les métiers et qui, formant les meilleurs ouvriers , attirera nécessairement toutes les natures d'élite? Cet effet sera immanquable, si, comme il n'en faut pas douter, notre Armée de la paix admet et favorise la *pluralité de fonctions*, si elle accorde en principe à chacun de ses soldats, une faculté dont l'exercice , impossible aujourd'hui, sera reclamée par l'intérêt de l'œuvre collective elle-même, la faculté d'alterner de la pioche à la truelle , et du marteau à la bisaigüe ou à l'enclume.

Hôtel et caisse des invalides de l'industrie.

On peut aller plus loin, on peut, on doit prévoir, comme image et comme couronnement de l'esprit de bienveillance et de salidarité dont l'Armée productive sera animée, la création d'un hôtel et d'une caisse des Invalides de l'Industrie. Des hommes qui, à défaut de science sociale, font preuve du moins de bonne volonté, ont essayé, il y a quelques années, de donner le branle à une institution de cette nature. Mais vouloir fonder un hôtel des Invalides de l'Industrie sur les conditions d'incohérence de la production actuelle, c'est se proposer de bâtir sur les sables mouvants. Au contraire, donnez pour base à cette institution une grande organisation des travaux de la paix, et tout ce qui est difficile, impossible, actuellement, devient d'une facilité extrême.

Avancement des conducteurs.

D'un autre côté, on conçoit combien une telle organisation offre de ressources pour le recrutement des travailleurs de toutes les catégories et pour l'avancement régulier de tous les agents. Citons ce que M. Krantz dit, à ce propos, des conducteurs des travaux publics :

» Varier l'éducation pratique des conducteurs, et en même temps compléter leur éducation théorique ;

» Leur imposer un noviciat prolongé ;

» Les soumettre à des examens publics ;

» Telles sont, nous l'avons vu, les conditions auxquelles se ramène le problème de l'avancement de ces utiles agents.

» Or, supposons que chaque année on fasse choix des conducteurs les plus distingués par leur zèle et leur aptitude, que ce choix soit arrêté en conseil général des ponts-et-chaussées, d'après les notes fournies concurremment par les ingénieurs ordinaires et les ingénieurs en chef de chaque service; que, parmi ces conducteurs d'élite, on prenne pour les envoyer à l'Armée ceux qui justifieront au moins de quatre années de service effectif; supposons de plus que le séjour à l'Armée soit au moins de quatre années, et qu'après cela seulement un conducteur puisse devenir ingénieur : la seconde condition que nous avons énoncée plus haut se trouvera, je crois, remplie au gré des plus rigides.

» Continuons notre hypothèse : à l'Armée, les conducteurs seront successivement chargés d'une compagnie de chaque espèce d'ouvriers, à commencer par les terrassiers et à finir par les forgerons. Ils suivront ces compagnies dans leurs campagnes d'été, et verront ainsi, pendant quatre ans, de grands travaux de toute nature. Voilà pour leur éducation pratique.

» Pendant l'hiver, ils feront des cours à leurs soldats et leur apprendront les principes de leur profession; comme ils devront, autant que faire se pourra, être attachés chaque année à une compagnie nouvelle, à la fin de leur séjour à l'Armée ils auront professé les premiers éléments de la théorie des divers métiers que nous employons le plus habituellement sur les chantiers.

» Ce n'est pas tout : à leur tour ils descendront sur les bancs et viendront recevoir des ingénieurs attachés à l'Armée, les notions essentielles et les principes fondamentaux de l'art de construire. Les cours qui leur seront enseignés devront embrasser ce qui est nécessaire pour le service de l'ingénieur, mais le tout débarrassé de l'appareil scientifique et réduit à sa plus simple et claire expression. Voilà pour leur éducation théorique.

» Je ne sais si je m'abuse, mais il me semble qu'en se renfermant dans les limites de ce programme, on peut former des ingénieurs instruits et satisfaire à la première condition que nous nous étions imposée.

» A la fin de chaque campagne d'été, un rapport spécial sera fait sur chaque conducteur attaché à l'Armée, par l'ingénieur sous les ordres duquel la compagnie aura été placée. A la fin de chaque saison d'hiver, un examen auquel assisteront tous les conducteurs, servira à constater le degré d'avancement de l'instruction de chacun d'eux.

» Les rapports de chaque campagne et les notes de chaque examen seront, à l'expiration des quatre années de noviciat dans les rangs de l'Armée, mis sous les yeux du conseil des ponts et-chaussées, qui arrêtera, en séance générale, la liste des conducteurs admissibles au grade d'ingénieur.

» Voilà pour la troisième condition dont se composait notre programme.

» L'impartialité de ces classements devra résulter, d'une part de la

publicité des examens, de l'autre du choix sévère des examinateurs.
Qu'il y ait encore, malgré cela, quelques accrocs faits à la justice, je le
crois volontiers. Je n'ai pas la prétention de trouver une combinaison
qui force actuellement les hommes à être constamment justes ; j'ai seulement cherché un système qui ne permette pas d'ériger l'arbitraire en
principe, et qui fonctionne bien toutes les fois qu'il sera confié à des
hommes d'une fermeté et d'une probité ordinaires. »

Services d'ordre général.—Réserve.

L'Armée de la paix sera appelée à rendre des services d'ordre général, pour lesquels on n'a encore rien, absolument rien prévu ni organisé jusqu'ici. Qu'un incendie détruise une ville , qu'une inondation
dévaste une vallée , et les soldats du travail accourent par bataillons,
par régiments, reconstruire la ville et réparer tous les désastres. Ces
combats contre les fléaux, contre la nature, ne leur feront point oublier qu'ils peuvent être appelés à figurer dans d'autres batailles.
Ils s'y prépareront et formeront, sans surcharger le budget, cette
réserve de l'armée de la guerre, dont tant de publicistes cherchent
vainement aujourd'hui la solution. Enfin, et ce sera leur plus beau
titre de gloire, en rendant au travail sa noblesse originelle , les régiments pacifiques produiront une grande et nécessaire réaction morale au sein de toutes les classes de la société, au sein de l'armée guerrière elle-même.

Recrutement.

Comment ces régiments se recruteront-ils ? Nous avons dit que l'en-
rôlement serait libre. Et en effet, le caractère même de la nouvelle institution ne permet rien d'analogue à la dure loi de la conscription. D'ailleurs, quand les différentes classes de la société auront apprécié les
avantages qu'offrira l'Armée de la paix, toutes voudront y envoyer des
représentants, toutes y compteront des enrôlés volontaires.

M. Krantz va d'abord chercher des recrues dans les colonies agricoles, telles que Mettray, Mesnil-Saint-Firmin , Petit-Quévilly, etc.,
et ainsi il complète ces œuvres de haute charité qui ne peuvent offrir
au colon rendu au monde et à la liberté, que le secours précaire des
sociétés de patronage, ou la surveillance plus précaire encore d'un
patron individuel. — Combien les directeurs de ces utiles institutions
ne béniraient-ils pas la création d'une Armée de travailleurs où se
continuerait leur paternelle direction, et où leurs pupiles, après un ou

deux engagements, deviendraient soit cantonniers, soit gardes, soit éclusiers, soit piqueurs, soit même conducteurs ou ingénieurs!

Ici, disons-le, la générosité de M. Krantz nous paraît, sinon imprudente, du moins un peu trop hâtive. Certes, nul n'a plus que nous l'amour de ces pauvres parias de nos sociétés mauvaises, nul plus que nous ne souhaite leur prompte et complète réhabilitation; mais il ne faut pas oublier que les débuts de toutes choses, même des meilleures, sont pleins de difficultés. Qui veut renverser les préjugés, doit les ménager dans une certaine mesure. Les premières opérations du recrutement de l'Armée de la paix seront donc excessivement délicates, et ce ne sera, pensons-nous, que dans une faible proportion et à un moment donné, qu'il faudra s'adresser à ces colonies agricoles qui, bien à tort sans doute, conservent, de la volonté de leurs fondateurs mêmes, un caractère pénitentiaire. C'est donc parmi les jeunes gens de la population libre, qu'il faudra chercher à former le premier noyau des bataillons pacifiques. — Du reste, nous ne voyons là qu'un détail d'exécution que M. Krantz nous accorderait certainement, et qui n'infirme en rien les bases de son projet.

Avantages divers.

Complément d'éducation littéraire et scientifique, et instruction professionnelle de divers degrés, discipline, vêtement, logement, nourriture, solde, frais d'entretien,—M. Krantz a tout prévu, tout abordé. Il démontre, par des chiffres, que le soldat de la paix, mieux instruit, mieux vêtu, mieux logé, gagnant plus que l'ouvrier civil, mieux nourri que le soldat de la guerre, et non moins garanti que lui contre la crainte du lendemain, enrichira encore le trésor de l'État.

Organisation interne de l'Armée nouvelle.

Evidemment, ce résultat sera obtenu d'emblée pour peu qu'on applique à l'Armée nouvelle le grand principe de l'économie de ressorts, pour peu que, dans la fixation des cadres, dans la détermination du nombre d'hommes qui devront composer ou commander chaque compagnie, chaque peloton, chaque escouade, on observe les rapports que donne la raison et qu'indique l'expérience. M. Krantz a cru devoir, à cet égard, poser des chiffres qui n'ont rien d'absolu. Nous ne les rapporterons pas. Il nous suffit de rappeler ici le principe et de constater que ce principe est pleinement admis par l'auteur qui s'exprime ainsi :

« Chacun comprend que l'organisation d'un être, quel qu'il soit, n'est pas chose que l'on puisse faire au hasard ; chacun reconnaît qu'elle doit être rigoureusement déterminée, jusque dans ses moindres détails, par le but que l'on assigne à cet être. Dans toutes les créations de la nature, nous pouvons remarquer cette intime corrélation entre l'organisation et la destinée. La dépendance est même si étroite que tout naturaliste habile, à la vue d'un animal et même d'un seul de ses organes, peut dire quelles sont la destinée et la fonction spéciale de cet animal, comme aussi, connaissant la destinée et les fonctions de cet animal, il peut pénétrer dans tous les mystères de son organisation intime ; c'est là ce qui révèle dans les œuvres de la nature une suprême sagesse que nous ne devons pas nous contenter d'adorer, mais que nous devons imiter dans la limite de notre puissance. Cette harmonie entre l'organisation et la destinée de nos œuvres est la condition essentielle de grandeur et de force ; sa traduction en caractères visibles est tout le secret de la beauté. . . . .

» A l'Armée de la guerre, on a multiplié les chefs et non sans raison. Leur présence est constamment nécessaire pour diriger les efforts des soldats, pour leur donner de l'énergie et soutenir leur moral dans les moments difficiles. Or, comme les balles ne respectent pas les épaulettes, quand, comme cela a lieu en France, ceux qui les portent donnent l'exemple du courage, il a fallu, pour parer aux fâcheuses conséquences qu'entraînerait l'absence d'officiers, en multiplier le nombre pour parer à toutes les éventualités. De là vient que, dans l'Armée française, il n'y a pas moins d'un officier pour 18 soldats, et tout compris, d'un chef pour six hommes. »

On devine que dès lors M. Krantz se garde bien d'embarrasser son armée industrielle d'un état major et minor qui ne serait plus seulement du luxe, mais de la superfétation. — Les chefs de son armée sont quatre ou cinq fois moins nombreux que ceux de l'armée de la guerre.

Application.

Mais ce serait peu d'avoir conçu les dispositions organiques de la nouvelle institution, il faut encore en connaître les conditions mécaniques ; il faut faire mouvoir tous ces rouages, il faut mettre en jeu tous ces ressorts humains, il faut tirer de leur action combinée le *maximum* d'effet utile. Agissant sur de grandes masses et avec des éléments permanents, le général de l'armée productive obtiendra, s'il le veut, de magnifiques résultats.

Cet aspect de la question, M. Krantz n'a fait que l'indiquer.

« Supposons, dit-il, que nos travailleurs aiment leur profession et en soient fiers comme le soldat l'est de la sienne, qu'ils exécutent toujours avec zèle, et quelquefois avec enthousiasme, les ouvrages qui leur sont confiés. Du zèle et de l'enthousiasme, direz-vous, pour des terrassements et des maçonneries? Eh! vraiment pourquoi pas? si ces terrassements servent à établir un canal ou une grande ligne de chemin de fer, si ces maçonneries composent un pont, un tunnel, ou un viaduc. Vous enthousiasmez bien les soldats pour un métier qui consiste à égorger des hommes, et cette repoussante boucherie, ils l'accomplissent avec zèle, au prix même de leur vie. »

S'il n'est pas allé plus loin, s'il n'a pas appliqué aux grandes évolutions productives de son armée les conditions de *courtes séances*, *d'alternance dans les occupations*, et de *mutualité hiérarchique*, dont il fait avec raison la base de l'enseignement littéraire et scientifique de ses soldats de la paix, peut-être M. Krantz a-t-il voulu éviter le reproche de témérité. Pour nous qui ne craignons pas de montrer le bout de l'utopie, essayons de spéculer sur les ressorts qui pourront, qui devront être mis en jeu pour exciter, pour entretenir l'enthousiasme du travailleur.

Le travail organisé.

Voici une rampe à adoucir, voici un pont à construire, voici un échafaud à dresser. On a sondé le sol, sondé la rivière, fixé les dimensions de l'échafaudage : chaque travail est divisé en deux parts. La rampe peut être attaquée par les deux bouts, le pont par les deux rives, l'échafaud par les deux ailes. Affectons, chacune pour sa moitié, deux compagnies de terrassiers au nivellement de la rampe, deux pelotons de maçons à la construction du pont, deux escouades de charpentiers au dressage et au levage de l'échafaud. Et maintenant, si vous voulez voir des hommes enthousiastes, passionnés, visitez alternativement les deux compagnies de terrassiers, les deux pelotons de maçons, les deux escouades de charpentiers. Ecoutez les défis des chefs, écoutez les défis des soldats, écoutez aussi les gais propos et les paroles d'encouragement ; admirez l'entrain de tous ces hommes dont chacun, dans son groupe et pour l'honneur de son groupe, déploie d'autant plus d'ardeur et d'habileté au combat pacifique, que l'heure est plus proche où le vainqueur, ayant accompli sa tâche, va s'abattre sur celle du vaincu, et augmenter le prix de la victoire de tout le travail qu'il aura enlevé sur la part de son émule.

Voilà ce que ne permet guère de tenter l'incohérence qui règne aujourd'hui sur les grands chantiers de l'État, — voilà ce qui aura nécessairement lieu dès qu'il y aura en France un premier régiment des Travaux publics. Le travail ne sera plus une fatigue, un ennui ; ce sera une joute continuelle.

Et qu'aurez-vous fait cependant ? une chose bien simple : vous aurez introduit dans le travail un élément nouveau, l'émulation individuelle et collective ; vous aurez *rivalisé* le travail ; et le travail rivalisé, c'est presque le travail organisé.

Mais si, au lieu d'occuper constamment à cette rampe ces deux compagnies de terrassiers, à ce pont ces deux pelotons de maçons, à cet échafaudage ces deux escouades de charpentiers, vous n'y attachez alternativement qu'une fraction de chaque groupe, vous établirez une nouvelle émulation entre chacune de ces fractions, un nouvel enthousiasme pour le travail collectif, et un moyen certain d'éviter la fatigue ou l'ennui ; — vous introduirez la *variété* dans le travail.

Et si vous savez disposer l'ordre de vos travaux de manière à ce que chacun de vos hommes puisse successivement passer d'un travail manuel à un travail intellectuel, d'une occupation rude à une occupation délicate, il se trouvera que vous aurez complètement résolu, dans la sphère des travaux publics, le grand problème posé devant le dix-neuvième siècle, et que le dix-neuvième siècle devra résoudre, s'il veut conjurer d'effroyables cataclysmes, — le problème de l'ORGANISATION LIBRE ET UNITAIRE DE L'INDUSTRIE.

Et vous n'aurez plus qu'à appliquer le principe du travail organisé, du travail attrayant, aux différents ordres de la production.

Les ouvriers civils et l'Armée de la guerre.

En face d'un but aussi grandiose, d'une si belle perspective, en face d'une organisation dont le principe s'applique à tous les genres d'activité, nous n'avons pas le courage de répondre à ceux qui craindraient pour les ouvriers civils la concurrence de l'Armée de la paix.

Quant à ceux qui demandent ce que deviendra l'Armée de la guerre, nous répondons avec M. Krantz :

« Si la paix paraît stable, l'Armée des travaux publics recevra des contingents considérables et s'accroîtra pour faire face aux nombreuses créations qu'amènera la tranquillité publique ; l'autre, au contraire, diminuera : si la guerre ou l'émeute nous menacent, les travaux s'arrêteront, les contingents de l'Armée de paix décroîtront au profit de sa rivale ; si enfin la guerre éclate, nos régiments de travailleurs, laissant là leurs ouvrages inachevés, prendront le sabre et le fusil et voleront à la défense de notre territoire et de nos libertés.

» Ainsi ces deux armées formeront, par leur ensemble, une sorte de baromètre de l'état politique de notre pays ; si celle qui est consacrée à la guerre s'accroît, c'est que l'horizon politique est chargé d'orages ; si l'autre, au contraire, prend de l'extension, c'est que la tempête est passée et que le calme est rétabli ; si enfin l'Armée de la guerre, successivement réduite, finit par disparaître, si à sa place s'élève l'Armée des travaux publics, c'est que les nouveaux temps seront venus et qu'enfin le vieux monde aura vécu. »

Résumé et conclusion de ce chapitre.

Dans le cours de cette étude, nous avons donné un développement tout spécial à la question des conducteurs des ponts-et-chaussées. M. Krantz a établi sur de solides bases les droits de ces agents, qui ne sont sacrifiés aujourd'hui qu'au grand détriment des intérêts généraux. Aussi leur a-t-il ménagé, dans l'organisation nouvelle, une carrière que tous seraient heureux de parcourir. Mais il n'a pas indiqué , — peut-être avec intention,—les mesures qu'on ne peut, sans injustice, différer de prendre à leur égard, au cas très probable où nos législateurs,—nous voulons dire nos gouvernants, —trouveraient trop belle, trop glorieuse, l'idée d'une Armée de la paix, pour oser prendre l'initiative de cette création.

C'est à nous de dire quelles doivent être ces mesures.

Mais nous ne pouvons quitter M. Krantz sans rendre hommage au fond comme à la forme de ses deux écrits. Un style à la fois clair, simple et plein d'autorité ; un enchaînement logique irréprochable, telles sont les qualités qui distinguent ce beau travail, et qui seules en assureraient le succès, s'il ne se recommandait avant tout par des vues larges et par des idées généreuses.

Ah ! que n'avons-nous, à la tête des Travaux publics, à la tête du ministère lui-même, un homme d'exécution, de résolution, un homme d'initiative, de persévérance et de fermeté ! Quelle occasion de s'illustrer ! quelle belle idée à réaliser ! quelle œuvre sociale à entreprendre ! Et qu'il y a là de quoi tenter, de quoi saisir une grande et noble ambition !

CHAPITRE TROISIÈME.

RÉFORME DES PONTS - ET - CHAUSSÉES.

§ 1er. — Situation actuelle.

Une création impériale.

Les institutions qui datent de l'Empire portent toutes un cachet commun auquel il est facile de les reconnaître.

La Révolution française, en proclamant l'UNITÉ NATIONALE, avait respecté, avait développé même l'individualité des *unités de second ordre*. Le département, le district, la commune, conservaient leur personnalité propre et leur part de liberté d'action.

Aux yeux du génie dominateur qui voulut imposer sa volonté à l'Europe, cet état de choses dut apparaître moins comme une centralisation que comme une ligue fédérative contre laquelle il importait de réagir.

L'empereur alla trop loin dans cette voie. Il ne vit pas qu'à force de vouloir tout rapporter à lui-même, à son autorité, il éteindrait toute vie extérieure, toute spontanéité individuelle.

Il ne vit pas qu'au lieu d'un centre directeur, il allait constituer un centre absorbant. En un mot, il ne sut pas distinguer entre une centralisation bien entendue et une concentration oppressive.

Aussi fut-il conduit à organiser la France comme un corps qui n'a de mouvement, de vie réelle et légale, qu'au cerveau.

A tous ces titres, on peut dire que le Corps des ponts-et-chaussées est bien une création impériale. Le directeur général, effacé lui-même par le Ministre dont il n'est qu'un agent, efface les ingénieurs en chef qui absorbent les ingénieurs ordinaires. Quant aux inspecteurs généraux et divisionnaires, les uns se bornent à donner des avis, les autres sont des contrôleurs ambulants. Nous ne parlons pas des conducteurs et des piqueurs : à défaut d'une individualité quelconque, ceux-là n'ont pas même la consolation d'appartenir à un corps, car c'est par inadvertance sans doute qu'un homme éminent dont nous invoquerons tout-à-l'heure l'opinion, M. Tarbé de Vauxclairs, a employé à leur égard le mot de *corporation*.

Tel fut l'esprit qui dicta le décret du 23 août 1804 (7 fructidor an 12), et telle est l'organisation qui en est issue. Bien qu'en réalité le conducteur prépare et réunisse tous les éléments des projets qu'il exécutera plus tard, bien que l'ingénieur dresse et signe ces projets, que l'ingénieur en chef les approuve, et que le conseil général les adopte, en réalité nul n'attache son nom à son travail, nul n'a le bénéfice moral de sa conception, de son œuvre. Tous les projets sont des projets de l'administration supérieure, tous les travaux sont ses travaux. L'administration, cet être ingrat, absorbe et annihile tous ses agents, et ce n'est que par des efforts inouïs, par des moyens de publicité pris en dehors d'elle et le plus souvent blâmés par elle, qu'un homme de talent peut conquérir, en échange de ses études et de ses veilles, une juste et tardive célébrité.

Exception de circonstance.

Une seule exception est venue démentir, est venue renverser cette règle d'absorption hiérarchique. Par suite de la position qu'ont laissé prendre à M. Legrand les avocats-ministres qui se sont succédé depuis 1830 au département des Travaux publics, la fonction de directeur-général a disparu, et le sous-secrétaire d'Etat s'est trouvé être en réalité le ministre dirigeant. Mais c'est une anomalie qui disparaîtra avec les circonstances qui l'ont fait naître.

Conséquences et dangers de cet état de choses.

Comme il est naturel qu'un édifice mal fondé finisse par s'affaisser du côté où il penche, la concentration administrative est devenue tellement exigeante, elle a tellement compliqué tous les rouages, elle accorde si peu de confiance et de liberté aux individus, qu'au lieu d'agir, les ingénieurs, courbés sous le poids des rapports, des contrôles, obligés de négliger pour des formalités secondaires ce qu'il y a de capital, c'est-à-dire la bonne exécution des travaux, passent leur

vie à écrire, à demander, à attendre des approbations de rectifications
ou de modifications.

L'administration est devenue à ce point paperassière, que l'ingénieur en chef n'est plus qu'un chef de bureau, et ses employés des
commis d'ordre, veillant à ce que toutes les pièces reposent bien
dans leurs cartons respectifs. L'administration prend des hommes :
elle en fait des automates.

Doit-on s'étonner que la paralysie ait atteint un organisme aussi en-
gorgé? doit-on s'étonner si les hauts barons de la finance, voulant
agioter sur les chemins de fer, ont osé dénier à l'État la force de les
exécuter, et surtout de les administrer lui-même? doit-on s'étonner enfin, si, en abandonnant à la spéculation particulière ces grandes voies
de communication rapide, — vivant organe de l'unité administrative,—
les fonctionnaires supérieurs des Travaux publics se soient vus réduits
à déposer sur la tribune nationale l'aveu honteux de leur impuissance?

Il faut que le mal soit bien grand pour que M. Krantz, si respec-
tueux pour ses chefs, si sincèrement attaché au corps dont il fait
partie, ait été conduit à ne proposer d'autre remède que la création
d'une institution entièrement nouvelle, — remède héroïque, qui suppose que le Corps des ponts-et-chaussées, s'il ne se transforme complètement, périra de mort naturelle et peut-être même de mort vio-
lente.

Abus et contradictions.

Mais ce n'est pas seulement par esprit de concentration, c'est aussi
par esprit rétrograde que pèche le décret de 1804, puisque, comme
nous l'avons dit précédemment, il renferme dans un cercle infran-
chissable la carrière des agents secondaires sur qui repose toute la
surveillance des travaux, toute la moralité de l'exécution.

La position du conducteur n'est pas seulement bornée ; elle est précaire, elle est instable. Tant qu'il n'a pas obtenu son embrigadement,
c'est-à-dire son inscription au nombre des agents qui ont droit à la
retraite, il peut se voir congédié du jour au lendemain. Qu'il soit
embrigadé ou simple auxiliaire, son avancement n'est soumis à aucune règle, et ses attributions comme sa résidence sont remis à la
disposition absolue de l'ingénieur sous les ordres de qui le hasard l'a
placé. Aussi, que de fois tel conducteur, investi de la confiance de l'ingénieur qui part, voit-il celui qui arrive lui enlever ses occupations
ordinaires, ses travaux de prédilection, le transporter du bureau au

chantier, du chantier au bureau, ou, qui pis est, lui assigner une résidence éloignée de sa famille, de ses amis, de ses propriétés, sans
qu'il y ait à ces changements si graves d'autre motif que le caprice
du nouveau venu ou une incompatibilité d'humeur entre le chef et le
subordonné !

Or, bien que la plupart des ingénieurs sachent corriger, par l'a-
ménité de leurs rapports, la dureté de cette position exceptionnelle
des conducteurs, quelques-uns cependant, conséquents avec le principe de leur corporation, exercent sur leurs agents une oppression véritable. Cela s'étend à la tenue, au costume, à la barbe, dont on contrôle la forme et la dimension.

On conçoit, en effet, que, pour peu que la nature des relations sociales prête à l'abus, l'abus doit se produire. Il s'est produit, et l'on ra-
conte jusqu'à des histoires de moustaches que des conducteurs ont
été forcés de sacrifier.

Et si, déja en 1804, les dispositions réactionnaires du décret organique étaient en désaccord avec l'esprit du temps, combien ne sont-
elles pas choquantes aujourd'hui, qu'après quarante ans, deux char-
tes ont consacré l'égalité de tous les citoyens devant la loi et leur admissibilité à toutes les fonctions publiques ?

Etrange force du fait ! étrange faiblesse du principe ! Voici une
institution éminemment démocratique, puisqu'elle ne peut se recruter
que parmi les hommes de science. Eh bien ! au sein d'une société démocratique, cette institution conserve, malgré le vœu formel du pacte
social, tous les caractères de l'exclusivisme féodal !

Mais c'est sans doute une inadvertance ? c'est une inconséquence
qu'on va se hâter de faire disparaître? c'est un oubli que l'on va
réparer ?... Voyons.

Historique de la question.

Dès 1855, M. Tarbé de Vauxclairs, inspecteur-général, s'exprimait
ainsi, dans son *Dictionnaire des Travaux publics* :

« En 1829, la grande commission des routes et canaux, présidée
par M. de Martignac, a plusieurs fois répété qu'il fallait renforcer
les conducteurs. Elle a proposé d'en augmenter le nombre, et d'améliorer leur sort par un plus fort traitement, et par une allocation de
frais de déplacement. Elle a critiqué le mode actuel de les choisir;
elle a demandé le congédiment des agents incapables ou négligents;

elle a parlé d'écoles secondaires ; elle a insisté sur l'utilité des examens préalables, et sur la convenance de faire les nominations dans les départements et non à Paris ; enfin elle a dit qu'il était urgent de PRENDRE UN GRAND PARTI relativement à ces agents secondaires.

» La plupart de ces vues sont raisonnables : nous n'en exceptons que la proposition de créer des écoles spéciales et d'augmenter le nombre des conducteurs.

» Une seule école, sur un point quelconque de la France, serait inaccessible au plus grand nombre des jeunes gens appelés à ce service. Ils ne sont pas assez riches pour faire leur éducation loin du sol qui les a vus naître. Multiplier les écoles, ce serait augmenter considérablement les dépenses ; d'ailleurs on ne doit exiger des candidats que les connaissances élémentaires qu'on enseigne maintenant partout. L'instruction primaire de la science se professe au Conservatoire des arts et métiers de Paris, dans les écoles d'arts et métiers de Châlons et d'Angers. D'autres écoles tendant au même but sont établies dans la plupart des grandes villes. Il y a une heureuse disposition à les propager de plus en plus : dans l'état actuel des connaissances humaines, il ne faut pas craindre de manquer de candidats. Ce qu'on doit surtout rechercher, c'est de rendre les conducteurs très habiles praticiens ; mais la pratique ne s'apprend pas dans les écoles, elle ne s'acquiert que par une grande application et un long exercice de la profession. C'est pourquoi nous voudrions que les divers degrés d'avancement ne pussent être franchis qu'après un nombre déterminé d'années de service, et qu'on tînt rigoureusement la main à l'exécution de la disposition du décret de 1804, qui exige un surnumérariat préalable dans les bureaux des ingénieurs.

« Quand on a demandé l'augmentation du nombre des conducteurs, on n'avait probablement en vue que le total de 550 porté au décret précité, et qui depuis s'est trouvé réduit à 555. On ignorait sans doute qu'il existe en outre plus de 1,000 conducteurs *non embrigadés*, ce qui porte à 1,500 le véritable nombre des membres de cette corporation. Si l'on en retranche environ 400 qui n'appartiennent pas au service des routes, il en restera 900, lesquels, étant bien répartis sur environ seize mille lieues de routes royales et départementales, auraient chacun une longueur moyenne de dix-huit lieues de routes à surveiller ; et c'est à peu près l'étendue qu'il est généralement reconnu convenable à leur assigner.

» La seule mesure utile à prendre est de faire disparaître cette *fiction illégale* des conducteurs non embrigadés, qui n'a été imaginée que pour étendre la limite trop resserrée du cadre adopté en 1804 ; mais pour cela il a fallu faire porter, sur les fonds du matériel, des salaires qui évidemment devaient être imputés sur celui du personnel.

C'est toujours à tort qu'on dénature les dépenses ; il vaut mieux exposer franchement les choses telles qu'elles sont, puisqu'en définitive la dépense est la même.

» Une véritable surcharge proviendra de l'augmentation des traitements ; mais c'est une nécessité généralement reconnue. La commission de 1820 était trop éclairée pour ne pas comprendre que, si les conducteurs étaient mis en position de pouvoir exercer une surveillance plus active, il en résulterait de grandes économies sur la fourniture et sur l'emploi des matériaux, ce qui compenserait et au-delà l'augmentation des salaires.

» Il est donc bien démontré que le sort des conducteurs doit être amélioré. Ce sont des agents déjà très utiles dans le service des ponts et chaussées, et dont on pourra tirer encore un parti plus avantageux. Il n'ont pas dû être les derniers à s'en apercevoir. Des pétitions adressées par plusieurs d'entre eux, pendant la session de 1835, ont appelé l'attention des chambres et du ministère. Une commission d'ingénieurs a été nommée pour préparer un projet de réorganisation : *Le résultat de ce travail est attendu avec impatience*, dans l'espoir qu'il apportera aux dispositions du décret de 1804 les rectifications indiquées par une expérience de trente ans. »

N'oublions pas de faire remarquer que le dictionnaire dont nous extrayons ce passage a été envoyé par l'administration à tous les ingénieurs, comme renfermant les vrais principes, les principes d'administration elle-même, en matière de travaux publics.

Suite du même sujet.

Ecoutons maintenant le *Journal des Débats* du 29 mai 1838 :

« Le principe de l'organisation des ponts et chaussées semble avoir cessé d'être en harmonie avec l'esprit de l'époque ; il fut établi par Napoléon sur des bases tout impériales, auxquelles il n'a pas été touché encore. Il est partagé en trois *castes* séparées l'une de l'autre par un mur d'airain, celle des ingénieurs, celle des conducteurs et piqueurs, celle des cantonniers et ouvriers. De tous nos corps constitués, c'est probablement le seul où le système des castes se soit maintenu intact, malgré les rudes et innombrables coups de bélier au moyen desquels la démocratie s'est ménagée des trouées sur tous les points de l'ancien régime. Dans l'artillerie, un sous-officier qui a donné des preuves de capacité, est admis à porter l'épaulette. Il en est ainsi même dans le génie militaire, si renommé partout pour son savoir. Dans la marine, qui était autrefois le plus aristocratique des corps, et où les traditions du passé se sont tout à fait éteintes, les maîtres peuvent devenir officiers moyennant examen. Pourquoi ce qui a parfaitement réussi dans d'autres corps savants, ne serait-il pas essayé dans les ponts-et-chaussées ?

» Nos ingénieurs actuels sont très versés dans les sciences mathématiques ; peut-être le sont-ils à l'excès ! mais l'école des faits, de l'observation et de l'expérience est-elle donc de nulle valeur dans l'art de construire, dans l'art pratique dont il faut se préoccuper avant tout, dans le monde réel ? Si à ce mérite, tout d'application, quelques conducteurs joignent un certain degré de connaissances théoriques constaté par un examen solennel, qui pourrait trouver mauvais que l'on en fît des ingénieurs ? Que pourrait-on élever contre leur élévation, sinon des préjugés aristocratiques ou un esprit de corps véritablement déplacé ? Il y a dans les ponts et chaussées des services fort élémentaires, pour lesquels nos savants ingénieurs ne peuvent se passionner, qu'ils dédaignent même, habitués qu'ils sont à se tenir dans une sorte d'olympe intellectuel, et qui absorbe cependant un personnel nombreux, le tiers au moins du corps entier. Tel est l'entretien courant des routes et même celui des canaux.

» Nous ne pouvons croire que, pour faire casser des cailloux et les faire minutieusement distribuer dans les ornières, pour faire enlever la vase des canaux et rejointoyer des maçonneries d'écluses, un homme accoutumé à se mouvoir dans une sphère de détails et à vivre dans un terre-à-terre prosaïque si l'on veut, mais qui a son prix en matière d'intérêts publics, ne vaille pas autant et même ne vaille pas mieux qu'un ingénieur versé dans les plus hautes questions de l'analyse mathématique. Il ne convient pas qu'un fonctionnaire soit au-dessous de ses fonctions ; mais il y a beaucoup d'inconvénients à ce qu'il soit au-dessus. De bonne foi, le service ordinaire des ponts et chaussées n'est-il pas fort au-dessous des lumières et de la capacité de nos savants ingénieurs? Est-il au-dessus des forces non-seulement des conducteurs d'élite, mais encore du *profanum vulgus* des conducteurs? Au reste, les faits dont, encore un coup, l'autorité est toute-puissante dans la pratique, les faits démontrent l'aptitude des conducteurs à devenir ingénieurs. Il y en a aujourd'hui un assez bon nombre qui en remplissent les fonctions sans en recevoir les émoluments et sans en avoir les avantages honorifiques. »

Le lecteur jugera si, dans son accès de libéralisme, le *Journal des Débats* ne se laisse pas emporter un peu loin. Nous trouvons, quant à nous, qu'il fait trop bon marché des hautes théories. Nous savons bien que, dans la pratique, on a rarement occasion de les appliquer ; mais nous ne voulons pas que les anciens élèves de l'École polytechnique et de l'École des ponts-et-chaussées puissent jamais avoir à rougir ou à se contraindre en présence de leurs camarades arrivés par une autre voie ; il faut donc que ceux-ci aient parcouru à peu près complètement le champ des connaissances exigées de ceux-là.

Revenons à notre sujet.

Une circulaire de M. Legrand.

Ce que la commission de 1829 demandait, ce que réclamaient en 1833 des pétitionnaires isolés, ce qu'ont réclamé en 1840 et 1843 des pétitions collectives, ce que M. Tarbé attendait impatiemment en 1835, ce que le *Journal des Débats* réclamait instamment en 1838 ; en un mot, ce que la Restauration se disposait à faire, la Révolution de 1830 l'a-t-elle accompli, aujourd'hui, en 1847 ? Non ! Aux pétitions de 1840 la Chambre des députés, sur la demande de M. Legrand, répondait par l'ordre du jour. Et quant à celles de 1843, la circulaire de M. le sous-secrétaire d'État des Travaux publics, en date du 10 mai 1843, les empêchait d'arriver, non pas jusqu'aux Chambres (elles ne leur étaient pas adressées), mais jusqu'à l'administration elle-même.

Cette circulaire doit trouver sa place ici :

« Paris, le 10 mars 1843.

« Monsieur, l'administration reçoit depuis quelque temps plusieurs exemplaires d'une pétition imprimée qui paraît circuler dans les départements pour y être revêtue de la signature des conducteurs embrigadés ou auxiliaires du service des ponts-et-chaussées.

» Le but de cette pétition est d'obtenir pour ces agents divers avantages ou *prérogatives* sur lesquels je n'ai point à m'expliquer vis-à-vis d'eux. Ils ne peuvent ignorer que, dans aucun service public, les pétitions collectives ne sont tolérées, et que les démarches de cette nature ne pourraient que tourner au préjudice de ceux qui les ont faites. Elles constituent un manquement à la discipline et seraient un motif d'ajourner les améliorations que l'administration aurait préparées. Conviendrait-il, en effet, qu'elle parût céder dans ses déterminations à l'influence de représentations faites par des agents dont la soumission est le premier devoir ?

» L'administration a déjà beaucoup fait pour améliorer le sort des conducteurs ; elle est disposée à continuer son œuvre, à favoriser de plus en plus l'émulation de la *probité*, du *dévouement*, de l'*instruction* dans un corps qui rend au pays d'honorables services sous la direction et à l'exemple de MM. les ingénieurs. Mais *elle n'admet pas qu'on revendique à titre de droits* des avautages pour lesquels on doit se reposer sur son initiative et sur sa *bienveillance éprouvéc.*

» Veuillez faire connaître, Monsieur, aux conducteurs de votre service que la pétition dont je viens de parler a excité mon mécontentement, et que je ne tolérerai pas de semblables démonstrations. Je vois même avec peine qu'on recourt beaucoup trop à la sollicitation individuelle et aux recommandations particulières, quelque honorables d'ailleurs que soient ces recommandations ; l'avancement n'est dû qu'aux titres bien réels ; aucun de ces titres, qu'on le sache bien, n'échappe à l'administration ; MM. les ingénieurs ne manquent jamais de les mettre en évidence avec la plus louable impartialité. C'est donc une erreur et une ligne de conduite *peu régulière* que de chercher d'autres appuis pour obtenir la récompense des bons services. Je désire que les conducteurs se pénètrent bien de ces observations.

» Le sous-secrétaire d'État des Travaux publics,
» Signé LEGRAND. »

Vit-on jamais, nous le demandons, le dogme de l'obéissance passive appliqué plus brutalement à des citoyens qui n'ont en définitive contracté aucun engagement de nature à autoriser un tel langage ?

Certainement, il n'y a pas un paragraphe de cette circulaire qui n'ait dû exciter la pitié des agents qu'elle prétendait rappeler à l'ordre. On admet bien l'injustice qui frappe ; on n'admet pas l'injustice qui raisonne.

A qui nous accuserait de chercher, en nous exprimant ainsi, à relâcher les liens administratifs nous dirions : C'est M. Legrand lui-même qui rompt ces liens en inspirant à ses subordonnés des critiques dont nous ne sommes que l'interprète et l'écho.

Chose étonnante ! D'un côté, on reproche aux conducteurs de pétitionner collectivement, de l'autre, on leur fait un crime d'avoir recours aux sollicitations individuelles. Et dans quel moment ? A une époque où les chefs de division, les directeurs et tous les hauts fonctionnaires de toutes les administrations confessent hautement et sans vergogne que rien ne s'accorde qu'à des apostilles de députés et de pairs de France. Chose étonnante, surtout quand on réfléchit que la circulaire du 7 juillet dernier, signée Legrand, et dont nous nous occuperons plus loin, n'a pas en réalité d'autre but que de provoquer ces sortes de sollicitations !

Mais qui donc M. Legrand espère-t-il convaincre ou tromper en parlant de *prérogatives* ? Qui lui donne le droit de dire à ses subordon-

nés qu'ils doivent se reposer sur l'initiative et la *bienveillance éprouvée* de l'administration ? Et quand il parle d'améliorations, croit-il re-
hausser son caractère en feignant de ne pas comprendre que ce qu'on
lui demande, ce ne sont pas des améliorations illusoires ou des fa-
veurs arbitraires, mais des droits, des garanties, une organisation ?

Hélas ! hélas ! tous les gouvernements absolus se ressemblent donc ?
Ils ne souffrent pas qu'on les discute, et ils ont la prétention d'être
aimés pour eux-mêmes.

Ce qu'a fait l'administration.

Mais qu'a-t-elle fait, cette administration absolue et paternelle ?

Elle a agi sur quatre points que voici :

1° Il y a aujourd'hui en France 2 700 conducteurs des ponts-et-
chaussées. Le décret organique en avait fixé le nombre à 550 seulement. L'administration a déjà porté celui des embrigadements à 800,
et elle se dispose à l'élever jusqu'à 1 000. Il reste donc encore 1 900
conducteurs dans la catégorie *illégale* des auxiliaires ou *non embrigadés*, n'ayant pas droit à la retraite et ne figurant pas au personnel
administratif.

2° Il y avait, en 1840, six classes de conducteurs : 3 classes de non
embrigadés, touchant 1 000, 1 200 et 1 400 francs, et 3 classes d'embrigadés, touchant 1 400, 1 600 et 1 800 francs.

Par cette combinaison ingénieuse, le conducteur *embrigadé* de 3e
classe, après avoir abandonné pour la retraite le mois de ses appointements qui suivait sa nomination, touchait ensuite, de moins
que le conducteur *auxiliaire* de 1re classe, son inférieur en grade,
5 fr. 83 c. par mois destinés à alimenter la caisse de retraites.

On a augmenté de 200 francs les trois classes de conducteurs embrigadés.

3° Il est arrivé que, par suite de l'absence ou de la maladie d'un ingénieur, on a confié l'*intérim* à un conducteur. Cette mesure s'est re-
nouvelée plusieurs fois, et, comme presque toujours les conducteurs
investis de cette confiance l'ont parfaitement justifiée, on n'a guère
pu se dispenser de la leur continuer. Quelques-uns de ces agents ont
donc été chargés d'un service d'ingénieur ; ils n'en touchent pas les
émoluments, mais on leur accorde les frais de bureau et la part de
l'indemnité qui revient à l'ingénieur ordinaire pour le service des routes départementales.

« Comme cette mesure, dit M. Krantz, n'a été sanctionnée par aucune loi, qu'elle n'a d'autre cause que la volonté du sous-secrétaire d'État des Travaux publics, elle peut tomber en désuétude, comme elle est née, et l'on ne saurait y voir aucune garantie sérieuse pour l'avenir des conducteurs. Toutefois, c'est un heureux précédent qui fait honneur à l'esprit d'équité du sous-secrétaire d'État, et qui préparera l'avènement d'une loi plus libérale que le décret organique du 7 fructidor an XII. »

Non seulement cette mesure ne présente aucune garantie pour l'avenir des conducteurs, mais elle n'en offre aucune à l'administration elle-même. En effet, ce n'est pas après avoir subi un examen, ce n'est pas après avoir fourni des preuves de ses connaissances pratiques, qu'un conducteur est admis à occuper cette situation ambiguë. C'est l'occasion, c'est le hasard qui a placé tel conducteur dans tel arrondissement de peu d'importance, — ou plutôt ce sont les influences seules qui lui font gravir ce demi-échelon. Et rien ne garantit à M. le sous-secrétaire d'État, lorsqu'il élève un agent à cette fonction, d'où il pourra le faire descendre demain, qu'il n'y a pas en France trois cents agents plus dignes de l'obtenir que celui qui est l'objet de son attention ou plutôt de sa faveur. Il faut donc le reconnaître, ce n'est pas par de telles mesures qu'il « favorisera de plus en plus l'émulation de la probité, du dévouement et de l'instruction, » parmi les conducteurs des ponts-et-chaussées.

Et d'ailleurs, si cette mesure avait été prise franchement, libéralement, sans arrière-pensée, y aurait-on apporté des restrictions dans la forme?... Parmi ces restrictions, en voici une qui mérite d'être mentionnée.

On a vu qu'en n'accordant pas en honneurs, en relief, à chacun de ses membres la juste part que mérite le concours individuel dans l'œuvre collective, l'administration détruit tout zèle, surtout chez les agents secondaires. Cette manie funeste se produit par des signes caractéristiques jusque dans les *Annales des ponts et chaussées.* Ce recueil, publié sous les auspices d'une commission présidée par le sous-secrétaire d'État, comprend un Annuaire dans lequel est indiquée la distribution des divers arrondissements. Une colonne est réservée aux chefs de service, qui sont presque toujours des ingénieurs ; une autre contient les noms des conducteurs. Eh bien ! il répugne tellement à l'administration supérieure d'admettre qu'un conducteur puisse être assimilé à un ingénieur, que, dans le cas où, par exception, un conducteur se trouve être chef de service, et par conséquent remplir les fonctions d'ingénieur, la colonne réservée aux chefs de service reste en blanc, et le nom du conducteur ne franchit pas plus la ligne qui le sépare de cette colonne, que lui-même ne peut franchir la barrière où l'on a écrit à son intention : *Tu n'iras pas plus loin*. Soyons juste pourtant, et reconnaissons qu., dans les rapports administratifs, on accorde au conducteur chargé d'un arrondissement le titre de *monsieur*, refusé au conducteur ordinaire, qui n'est qu'un *sieur*.

4° Enfin, par sa circulaire du 7 juillet de cette année, M. Legrand, sous-secrétaire d'État, communique à tous les préfets une pièce signée le 51 mai, par M. Jayr, ministre des Travaux publics, et qui a pour titre : *Programme pour l'examen des candidats à l'emploi de conducteur des ponts-et-chaussées.*

Si cette pièce atteste la *bienveillance éprouvée* de l'administration générale, c'est ce que nous verrons dans un instant. Disons tout de suite qu'elle n'a nullement pour objet l'émancipation conditionnelle des conducteurs.

Mais, comme elle touche évidemment à la question organique que nous devons traiter nous-même, nous demandons la permission d'entrer, à cet égard, dans quelques considérations.

§ 2°.—Plan de Réforme.

Position du problème.

Dans l'état actuel des choses, et en supposant qu'on ne modifie pas les bases, les rapports généraux de l'administration des Travaux publics, si ce n'est pour ouvrir enfin la barrière aux conducteurs des ponts-et-chaussées, que doit-on exiger d'eux ?

Mais d'abord qu'est-ce qu'un conducteur ?

Le décret organique.

Le titre IX du décret de 1804 porte :

« Art. 47. Il y aura des *conducteurs de travaux* des ponts-et-chaussées chargés de surveiller et contrôler, sous les ordres des ingénieurs, les travaux de toute espèce en entreprise ou régie, de tenir les états de piqueurs et ouvriers, vérifier les matériaux et leur emploi, de les toiser en présence des ingénieurs, d'aider les ingénieurs pour la levée des plans, de concourir à l'exécution des lois et de verbaliser sur les contraventions en matière de grande voirie.

» Art. 52. Les conducteurs seront nommés par la direction générale des ponts-et-chaussées, sur la présentation de l'ingénieur en chef et l'avis de l'inspecteur divisionnaire. Son avancement aura lieu de la même manière.

» Pour être nommé aspirant conducteur, il faut avoir vingt ans accomplis.

» Tout aspirant conducteur doit justifier qu'il sait *lire*, *écrire*, *calculer*, *toiser*, *lever des plans élémentaires, et les dessiner au trait.* »

Ainsi, dans la pensée du fondateur, les conducteurs des ponts-et-chaussées n'étaient que de simples *surveillants de travaux*, et c'est en effet ce qui eut lieu à l'origine.

Quarante-trois ans après.

Mais les choses ont bien changé depuis-lors. Tandis que la position exceptionnelle qui leur était faite par le décret organique restait la même, les conducteurs marchaient avec le siècle ; ils dépassaient de beaucoup le programme de 1804 ; leurs études devenaient plus fortes, leurs services plus étendus, leurs connaissances plus variées ; ils s'élevaient enfin à la hauteur des nouveaux besoins de l'administration et du pays. C'est ce que reconnaît M. Legrand lui-même au début de sa circulaire du 7 juillet, début dont nous ne pouvons qu'approuver les termes, car ils sont l'expression d'un fait auquel l'administration a trop rarement rendu hommage.

« Si les ingénieurs, dit-il, n'avaient eu pour auxiliaires que des conducteurs satisfaisant uniquement aux prescriptions de 1804, il eût été impossible d'exécuter tous les grands travaux dont l'administration des ponts-et-chaussées a été chargée depuis vingt-cinq ans.........
Les ingénieurs appelés à constater l'aptitude des candidats ont d'eux-mêmes et peu à peu étendu le cadre des examens, de manière à le tenir à peu près au niveau des exigences réelles du service. Mais ils n'ont pu procéder à cet égard d'une manière parfaitement uniforme, et l'administration a senti le besoin de poser des règles précises et générales dans une matière qui intéresse à un si haut degré le service des ponts-et-chaussées.

» Elle a en même temps reconnu la nécessité de substituer des examens d'ensemble, présentant le caractère de concours, aux examens isolés, autorisés successivement sur chaque demande, et qui à l'in-

convénient de détourner trop souvent les ingénieurs de leurs occupations ajoute celui d'ouvrir trop facilement la porte à une foule de can.
didats qu'il devient impossible d'employer. »

Eléments et conditions de la solution.

Nous prenons acte de ces aveux, et nous le demandons : Dans
cette situation, que faut-il exiger du conducteur et du piqueur? Notre
réponse sera en accord avec la pensée première du décret de 1804, avec
l'opinion de M. Tarbé de Vcuxclairs, avec celle de M. Krantz.

Le piqueur, qu'il soit employé au chantier ou au bureau, est un auxiliaire, un commis d'ordre, qui doit copier ou concourir à la surveillance et au tracé. Ou bien il n'atteindra jamais un grade plus élevé,
ou il se prépare à devenir conducteur. Dans l'un et l'autre cas, on
ne doit lui demander que les connaissances et l'intelligence nécessaires pour sa fonction *actuelle.*

Quant aux conducteurs, ils doivent être surtout et avant tout habiles praticiens. L'habitude du chantier, qu'on ne demande pas à l'élève
de l'École des ponts-et-chaussées, on doit l'exiger des conducteurs.
C'est donc sur la pratique d'abord que doivent porter, soit les examens, soit les preuves de capacité des candidats à ce grade. Mais,
comme il est passé en usage que le conducteur, loin de se borner à la
pratique, rassemble et calcule tous les éléments des projets, il faut
exiger de lui tout ce qui est nécessaire pour la bonne et exacte confection de ce travail, sous la direction de l'ingénieur.

Il peut arriver en outre qu'un conducteur soit chargé d'un travail
spécial, et que, soit à raison de l'éloignement de la résidence de l'ingénieur, soit par tout autre motif, ce conducteur ait à résoudre de
hauts problèmes de statique, de géométrie analytique, etc. Dans ce
cas, nous donnerions au conducteur un titre nouveau, un titre intermédiaire, celui de *sous-ingénieur,* et nous lui demanderions des connaissances supérieures à celles du conducteur ordinaire.

Aux employés de ce grade nous confierions les ponts, les viaducs,
les tunnels de moyenne importance ; nous leur confierions encore la
direction d'un arrondissement de chemins vicinaux de moyenne et petite communication, y compris l'emploi de la prestation en nature, si,
comme nous le proposons formellement, on généralise la mesure qui,
dans quelques départements, a placé les chemins vicinaux sous la direction des ingénieurs, tout en les maintenant dans la sphère départe-

mentale qui est leur sphère naturelle (1). Nous leur confierions enfin l'étude et l'exécution des barrages et canaux d'irrigation, si, comme nous le proposons encore, on se décide à créer en France un corps d'ingénieurs de l'agriculture.

Enfin, dès que le conducteur est chargé d'un service d'arrondissement, il faut qu'il connaisse la chimie, la minéralogie, le droit administratif. Dès ce moment, nous lui confierions le titre d'aspirant-ingénieur. Il l'aura bien mérité ; car, non-seulement il aura, parcourant tous les degrés de la hiérarchie, fourni, comme on va le voir, six ans au moins de service actif, mais encore il aura, par des preuves pratiques et par des examens théoriques, montré *successivement* qu'aux connaissances usuelles qu'il possédait dès le début, et que les ingénieurs n'acquièrent que sur les travaux, il unit toutes les connaissances théoriques de ces derniers, à l'exception toutefois de la mécanique, de l'hydraulique et du calcul intégral, qu'on ne nous reprochera pas de laisser en dehors de notre programme. — Nous disons *successivement*, et en effet c'est à des épreuves progressives, et non à des examens de masse, que nous voulons soumettre, — à moins qu'ils ne renoncent spontanément à cette faculté, — les hommes utiles et patients qui procèdent surtout par la pratique. En quoi nous sommes pleinement d'accord avec M. Krantz et avec tous les hommes compétents.

Nature et ordre des examens.

Les *examens successifs* se justifient surtout par cette considération que, sans enlever au conducteur le temps qu'il doit consacrer à son service, ils peuvent être rendus plus rigoureux. — Cette rigueur des examens successifs serait la règle pour les examens de masse qui pourraient être demandés par quelques-uns, et qui, passés avec succès, devraient abréger de deux ans le temps de l'épreuve totale.

Les examens devraient avoir lieu publiquement, de février à avril de chaque année, en présence d'un ingénieur en chef et de deux ingénieurs ordinaires.

Toute personne, âgée de dix-sept ans, munie d'un certificat de bon-

----

(1) Il est bien entendu que, dans ce cas, il serait pris des mesures transitoires à l'égard des agents-voyers et des voyers en chef de département, à qui l'on réserverait, dans la hiérarchie nouvelle, un poste au moins équivalent à la position qu'ils occupent aujourd'hui.

nes vie et mœurs, aurait le droit de se présenter comme candidat piqueur.

Par cela seul qu'un piqueur aurait un an de service et vingt-et-un ans
d'âge (c'est l'âge exigé pour l'assermentation), il pourrait, soit passer
successivement ses deux examens de conducteur, soit subir, dès qu'il
s'en croirait capable, et sur sa demande, un premier examen de masse.

Et de même pour s'élever du grade de conducteur à celui de sous-
ingénieur.

L'examen étant surtout accordé en vue des services pratiques des
candidats, toute personne qui ne réunirait pas les conditions précitées
serait exclue de l'examen. Ainsi les élèves des écoles spéciales d'arts et
métiers seraient astreints à passer par les grades et par les examens de
piqueur, de conducteur et de sous-ingénieur. Une exception serait
faite en faveur des sous-officiers de l'armée, qui pourraient d'emblée
passer le premier examen de conducteur.

La faculté de subir chacun des examens de conducteur, de sous-
ingénieur et d'aspirant-ingénieur, serait subordonnée à la production
d'un certificat de l'ingénieur ou du chef de corps, attestant que le
candidat a convenablement rempli son service antérieur, soit au bureau, soit au chantier, soit au corps, mais sans indiquer s'il est ou
non capable de se présenter à l'examen.

Toute personne qui aurait satisfait à un examen serait déclarée admissible au grade correspondant. Le résultat de chaque examen serait
constaté par les examinateurs et transmis à la direction générale par
l'ingénieur en chef. Le nombre des boules blanches obtenues détermi-
nerait *de facto* le rang de chaque candidat sur la liste qui serait dressée
dans les bureaux de l'administration supérieure, d'après les résultats
des examens, et par conséquent l'ordre dans lequel devraient se faire
les nominations aux vacances ou aux emplois nouveaux.

Notre programme.

Résumons notre proposition en précisant les attributions de chaque
grade et les conditions de chaque examen.

Le piqueur est aux ordres de l'ingénieur ou du sous-ingénieur ou
du conducteur, soit au bureau, soit sur les travaux. — Pour être
nommé piqueur, il faut avoir atteint dix-sept ans et subi un examen

sur les matières suivantes: orthographe, arithmétique, relevé d'attachements, dessin au trait, piquetage, tracé des courbes élémentaires.

Le conducteur réunit les éléments des projets, tient la comptabilité ou conduit un travail sur les indications et sous la surveillance régulière de l'ingénieur ou du sous-ingénieur.

Il y a deux classes de conducteurs.

Pour être nommé conducteur de 2ᵉ classe, il faut avoir 21 ans d'âge, un an de service de piqueur, et avoir passé un examen sur les matières suivantes : Principes de la langue française, géométrie, levé des plans et nivellements et leur rapport, notions générales sur la construction des routes. — (Les sous-officiers de l'armée sont dispensés du grade de piqueur.)

Pour être nommé conducteur de 1ʳᵉ classe, il faut avoir 23 ans d'âge, deux ans de service de conducteur, et avoir passé un examen sur les matières suivantes : géométrie descriptive, comptabilité administrative, usage des divers instruments, algèbre jusqu'au deuxième degré, trigonométrie rectiligne, notions spéciales sur la construction des travaux d'art, sur la qualité et l'emploi des matériaux, la fabrication des mortiers, etc.

(Le sous-officier, le piqueur ou le conducteur qui passera en masse son examen sur toutes ces matières, pourra, après deux ans de grade de conducteur, se présenter à l'examen de sous-ingénieur.)

Le sous-ingénieur dirige un arrondissement de chemins vicinaux, ou un travail spécial (projet et exécution), sous le contrôle de l'ingénieur, signe les décomptes, dresse et signe les rapports, sauf l'avis et l'appréciation de l'ingénieur.

Il y a deux classes de sous-ingénieurs.

Pour être nommé sous-ingénieur de deuxième classe, il faut avoir vingt-quatre ans d'âge, trois ans de service de conducteur, sauf le cas d'examen de masse, et avoir passé un examen sur les matières suivantes : toute l'algèbre, rapport sur une affaire de service.

Pour être nommé sous-ingénieur de première classe, il faut avoir vingt-six ans d'âge, deux ans de service de sous-ingénieur, et avoir passé un examen sur la géométrie analytique et la statique.

(Le conducteur ou le sous-ingénieur qui passera en masse son examen sur toutes ces matières, pourra, après deux ans de grade de sous-ingénieur, se présenter à l'examen d'aspirant-ingénieur.)

L'aspirant ingénieur dirige un service d'arrondissement, doit avoir vingt-sept ans d'âge, deux ou trois ans de service de sous-ingénieur, selon la série des examens subis, et avoir passé un examen sur la chimie, la minéralogie et le droit administratif.

Après un an de service, l'aspirant-ingénieur reçoit son brevet d'ingénieur.

Ce grade une fois obtenu, il parcourt la hiérarchie, telle qu'elle existe.

Pas de surnumérariat : tout service mérite rétribution. Pas d'embrigadement : les droits à la retraite comptent, pour tous, du jour de l'entrée en exercice comme piqueur.

Réflexions sur ce plan.

Ainsi, tout jeune homme laborieux et doué d'une suffisante aptitude, qu'il soit ou non sorti des écoles spéciales, pourra conquérir, à vingt-huit ans, le titre d'ingénieur, après huit années, ou tout au moins six années de service actif et d'épreuves de tous les ordres ; ainsi tous les employés seront stimulés au travail, à la régularité, à l'étude ; ainsi l'administration (qui ne peut exiger qu'une chose, à savoir—que ses employés acquièrent, en s'élevant en grade, les connaissances qui les rapprochent de la qualité d'ingénieur) obtiendra d'eux tout le temps, tout le concours qu'elle est en droit d'exiger pour le travail quotidien.

Dans ce plan, nous n'avons rien prévu, rien établi sous le rapport de l'enseignement. Cette question est hérissée de difficultés ; on verra que le programme de M. Jayr ne l'a pas résolue plus que nous. — Dans l'hypothèse d'une organisation complète, telle qu'une Armée des Travaux publics, la solution se présente d'elle-même. L'enseignement se fait, selon le mode mutuel, par les chefs : c'est une de leurs fonctions. Mais, dans les conditions incomplètes et incohérentes où s'agite l'administration des ponts-et-chaussées, que doit-on décider ? Nous pensons, avec M. Tarbé de Vauxclairs, qu'il ne convient pas de multiplier les écoles spéciales ; nous considérons, d'un autre côté, qu'en dernière analyse, l'employé qui voudra compléter son instruction en trouvera, du plus au moins, les moyens ; et, à cet égard, nous comptons beaucoup sur le bon vouloir et sur l'initiative libérale des jeunes ingénieurs.

Nous négligeons aussi d'indiquer les mesures propres à ménager aux inspecteurs divisionnaires un rôle plus actif et plus sérieux, aux ingénieurs en chef une action plus efficace, à tous une position qui,

en mettant — proportionnellement — en relief les personnalités diverses, fasse concourir plus fortement et plus utilement chacune
d'elles à l'unité générale. Ce point trouvera sa place lorsque nous
nous occuperons de l'organisation du service des chemins vicinaux.

Peut-être s'étonnera-t-on que nous ne proposions rien non plus pour
obvier aux inconvénients de la manie paperassière, qui est un effet de
la concentration administrative. Ce terrain est délicat; pour l'explorer
convenablement, il faudrait descendre à une multitude de détails
fastidieux. Le lecteur intelligent peut d'ailleurs deviner notre pensée.
Entre l'état vraiment paralytique de l'administration des Ponts-et-Chaussées et le tempérament actif d'une Armée des Travaux publics, il y a
toute une échelle de transitions, et c'est sur cette échelle que se placent
les réformes successives que doit subir l'administration actuelle pour
s'acheminer vers l'idéal qu'a décrit M. Krantz, et que nous proposons
avec lui.

Entre-temps, nous réclamons la réforme, la régularisation, l'organisation des rapports administratifs du personnel actuel, et c'est là,
de tous points, la mesure qui presse le plus.

§ 3°.—Le programme de M. Jayr.

Prélude.

Examinons maintenant, dans son but et dans ses conséquences, le
programme administratif du 31 mai dernier. Le but, M. Legrand nous
l'a dit dans sa circulaire du 7 juillet, c'est de régulariser la formalité
des examens, c'est de mettre les examens en rapport avec la fonction,
en rapport avec le degré d'instruction qu'ont généralement atteint les
conducteurs des ponts-et-chaussées. En proclamant un fait aussi honorable pour ceux-ci, M. Legrand tend, nous le reconnaissons, à
favoriser parmi eux « l'émulation de *l'instruction.* » Mais ce n'est
là, si nous avons bonne mémoire, qu'un des termes de la trinité émulative qu'il posait dans sa circulaire du 10 mai 1843. — Les
deux autres termes sont la *probité* et le *dévouement.* Or, il nous semble qu'en maintenant, en consacrant, pour ainsi dire, l'ilotisme anti-
constitutionnel des conducteurs, M. Legrand n'a rien fait encore en
vue de leur *probité*, n'a acquis aucun droit à leur *dévouement*, et que
même, en vertu de l'indivisibilité radicale qui unit les termes de toute

trinité, il obtiendra bien peu le chose sous le rapport de l'*instruction*.

En effet, pourquoi un homme d'étude et de capacité ambitionne-rait-il une carrière qui exige plus de connaissances que celle d'agent voyer, et qui, sans offrir, comme celle-ci, la perspective d'un avance-ment, laisse moins de liberté d'action, sans cependant donner plus de relief au fonctionnaire?

Vainement colorerez-vous votre mesure par de beaux semblants, vai-nement flatterez-vous dans leur amour-propre les hommes dont vous consommez l'exclusion, dont vous préétablissez l'infériorité; vainement leur direz-vous que leur profession tend de plus en plus à conquérir une place honorable dans les rangs de la société,—ils vous répondront que c'est cette place honorable que réclament ceux d'entre eux qui sont dignes de l'occuper. Vainement ajouterez-vous, en style digne du su-et, que « la considération dont jouit leur profession tient d'un côté aux avantages assurés aux conducteurs embrigadés, et d'un autre côté aux garanties d'aptitude exigées *pour y arriver*; »—ils vous répon-dront qu'en exigeant d'eux ces garanties, vous deviez aussi leur garan-tir les avantages dont vous parlez et qui n'ont encore rien de sérieux. Et, malgré vos allégations captieuses, il arrivera que les hommes capa-bles se présenteront en très petit nombre à vos examens, ou qu'après avoir joui des avantages que vous faites sonner si haut, ils continue-ront à s'en priver dès qu'ils trouveront une position plus sûre, plus digne, plus honorée, mieux rémunérée.

Mais voyons le programme de M. Jayr.

« *Programme pour l'examen des candidats à l'emploi de conduc-teur des ponts-et-chaussées.*

« Les examens pour l'emploi de conducteur *auxiliaire* des ponts-et-chaussées ont lieu tous les ans au mois d'octobre (1).

» Ils sont passés au chef-lieu de chaque département, devant une commission composée d'un ingénieur en chef et de deux ingénieurs désignés par l'administration supérieure.

» On y admet *les piqueurs que les chefs de service ont jugés di-gnes* d'arriver à l'emploi de conducteur, et *les candidats à qui l'ad-ministration supérieure croit devoir accorder* l'autorisation de con-courir pour le même emploi. Cette autorisation est accordée *de préfé*

---

(1) Cette époque paraît assez mal choisie ; c'est celle des travaux et des réceptions.

rence aux élèves de l'école centrale des arts et manufactures, des écoles d'arts et métiers et d'autres écoles spéciales, et aux jeunes gens qui ont été employés comme surnuméraires, une année au moins, dans les bureaux de l'administration centrale ou dans les bureaux des ingénieurs.

» Les propositions de MM. les ingénieurs et les demandes des candidats doivent parvenir à l'administration pour le 15 août au plus tard.

» Elles doivent être accompagnées :

» 1° D'un acte de naissance ou de toute autre pièce constatant régulièrement que le candidat complera, au 1ᵉʳ octobre, 21 ans au moins et 30 ans au plus : les sous-officiers porteurs d'un congé régulier peuvent être admis jusqu'à l'âge de 35 ans ;

» 2° D'une note faisant connaître les antécédents du candidat et les études auxquelles il s'est livré. Cette note doit être appuyée des diplômes, certificats, etc., qui auraient pu lui être délivrés.

» L'administration arrête la liste des candidats qui pourront se présenter au concours ouvert dans chaque département.

» Les connaissances exigées des candidats sont :

» 1° Écriture courante, nette et très lisible ;

» 2° Principes de la langue française (indépendamment d'une dictée destinée à constater qu'ils savent suffisamment l'orthographe, les candidats devront rédiger un rapport sur une affaire de service) ;

» 3° Arithmétique, y compris les proportions, l'extraction des racines carrées, ainsi que le système légal des poids et mesures ;

» 4° Théorie des logarithmes et usage des tables ;

» 5° Algèbre jusqu'aux équations du deuxième degré inclusivement ;

» 6° Éléments de géométrie (on insistera sur les lignes proportionnelles, la mesure des surfaces et la cubature des solides) ;

» 7° Statique élémentaire et conditions d'équilibre des machines simples et composées ;

» 8° Trigonométrie rectiligne et usage des tables de sinus ;

» 9° Notions élémentaires de géométrie descriptive ;

» 10° Dessin graphique et lavis ;

» 11° Lever de plan à l'équerre, au graphomètre et à la boussole ;

» 12° Nivellement au niveau d'eau et au niveau à bulle d'air (faire et rapporter) ;

» 13° Notions sur le tracé et les travaux des routes ;

» 14° Calculs des déblais et remblais pour la construction des routes ;

» 15° Notions sur les qualités et les défauts des matériaux et sur leur emploi dans les maçonneries et charpentes.

» Les candidats possédant des connaissances plus étendues que celles du programme peuvent demander qu'elles soient constatées par les examinateurs.

» L'examen de chaque candidat fait l'objet d'un procès-verbal distinct et séparé, auquel sont joints la pièce d'écriture, la dictée, la rédaction et les dessins.

» Ces procès-verbaux sont transmis à l'administration avec un rapport général sur l'ensemble des examens, dans lequel les candidats sont classés suivant l'ordre de mérite que leur assigne le résultat du concours.

» L'admissibilité des candidats à l'emploi de conducteur auxiliaire est *déclarée par l'administration supérieure*, sur le vu des procès-verbaux d'examens. Cette déclaration d'admissibilité ne confère d'ailleurs aux candidats aucun droit à une nomination immédiate ; elle les met seulement en position de concourir, par préférence *à tous autres*, pour les emplois de conducteur vacants ou à créer, soit dans le département où ils ont été examinés, soit dans tout autre département.

» Arrêté par le pair de France, ministre des Travaux publics.

» Paris, le 31 mai 1847.

» Signé, **H. JAYR.** »

Comparaison des deux programmes.

La meilleure, la plus sévère critique que l'on puisse faire de ce programme, c'est de l'opposer au nôtre, c'est d'en comparer l'esprit à l'esprit qui a dicté notre plan.

Constatons premièrement qu'en conservant, contrairement à l'opinion exprimée par M. Tarbé de Vauxclairs, la fiction des conducteurs *auxiliaires*, M. Jayr sanctionne cette *illégalité* administrative. C'était bien le moins, cependant, qu'ayant à réglementer les conditions d'admission à une fonction publique, il songeât à ménager aux fonctionnaires, sinon une position équitable, du moins une position *légale*.

Constatons en second lieu que le maintien des six classes n'est en réalité qu'un procédé d'enraiement, qu'un moyen de déguiser le caractère *immobile* de la carrière des conducteurs, et de leurrer ces agents par une longue série d'avancements imperceptibles et de nominations insignifiantes, dont le grade d'embrigadé de première classe est le *nec plus ultra !*

Constatons en troisième lieu que les connaissances exigées par ce

programme ne sont pas toutes également nécessaires au conducteur,
et surtout au *conducteur des travaux*, pour employer l'expression
du décret de 1804. Quelle nécessité, disons même quelle utilité
trouve-t-on à ce que le conducteur qui dessine, cube, applique les prix
des devis, ou surveille l'exécution sur le tas, sache la statique, pos-
sède l'algèbre jusqu'au deuxième degré, ou même connaisse la théorie
des logarithmes et la trigonométrie rectiligne? Nous voulons bien
qu'on renforce les études; mais prenons garde que le désir de former des hommes théoriques nous amène à chasser des rangs de l'administration ces *praticiens habiles* que demande M. Tarbé de Vauxclairs. Ce résultat déplorable, le programme de M. Jayr l'atteindra à
coup sûr, si le bon sens des examinateurs n'en corrige les fâcheuses tendances. D'ailleurs, rien de plus confus et de moins motivé que ce programme. Cette confusion, on a vu que nous l'avons évitée en gra-
duant avec soin, et selon les exigences réelles du service, les matières des examens correspondant à chaque grade.

Constatons enfin que, sur un examen de cette étendue, la mémoire
des mots peut servir efficacement tel candidat peu capable d'ailleurs.
Et pourtant, cet examen unique une fois subi, tout arbitraire est laissé à l'administration pour la nomination des conducteurs aux grades
successifs, et à l'ingénieur pour la fixation des attributions.

Le conducteur reste donc, comme par le passé, à l'entière discré-
tion de l'administration, à l'entière disposition de l'ingénieur. Cet
écueil n'existe pas dans notre projet, qui règle naturellement, et dans
une mesure qui n'a rien de gênant pour le chef de service, les attributions du conducteur et du sous-ingénieur, l'un agissant sous la direction immédiate de l'ingénieur, l'autre ayant déjà plus de liberté,
mais aussi plus de responsabilité, tous deux fonctionnant dans une
sphère en rapport avec les examens qu'ils ont subis.

But réel du programme de M. Jayr.

Mais ce n'est pas de tout cela qu'il s'agissait pour le rédacteur du
programme. En relisant cette pièce avec attention, on reconnaît facilement que l'autorisation exigée pour se présenter à l'examen et les
conditions de cet examen même ont moins pour objet de fermer l'accès de l'administration aux incapables que de l'ouvrir aux sujets bien
appuyés, et d'en éloigner quelques-uns de ceux qui n'auraient d'autre
titre que leur mérite propre.

D'abord, en accordant, *de préférence*, aux élèves des écoles spéciales, l'autorisation de concourir, on ménage aux *fruits secs* de tous les instituts d'arts et métiers un refuge contre lequel M. Krantz proteste avec tant de raison. Ensuite, du moment que la déclaration d'admissibilité ne résulte pas du concours même, du moment que cette déclaration, lorsqu'elle est accordée par l'administration supérieure, ne donne d'autre avantage que de concourir, *de préférence* A TOUS AUTRES, pour les emplois de conducteurs, c'est donc que l'examen n'est pas obligatoire pour *tous*? Quels sont donc ces *autres*?

Ces autres? Eh! mais ils sont le témoignage vivant du népotisme qui est au fond du nouveau programme. Ils sont là pour prouver que, sous prétexte de poser des règles, l'administration n'a eu pour but que d'écarter toute règle et de consacrer en sa faveur l'arbitraire le plus absolu!

Avec des dispositions aussi étroites pour les candidats, aussi larges pour l'administration, tel ingénieur qui, par aversion ou par antipathie, voudra arrêter la carrière d'un employé, n'aura qu'à lui refuser l'autorisation de concourir. Tel autre, ne sachant que faire d'un valet de chambre qui lui aura donné de graves sujets de plaintes, pourra en faire un conducteur des ponts-et-chaussées. Ces faits se sont produits, ils peuvent se produire encore. Rien donc n'est changé: il n'y a qu'un programme de plus.

Vue rétrospective.

Mais peut-être nous méprenons-nous sur la portée de ce programme; peut-être en tirons-nous de fausses conséquences... Peut-être sommes-nous animés d'une haine systématique contre M. Jayr, contre M. Legrand. Non! en conscience, non!

Nous faisons une guerre systématique et acharnée aux institutions mauvaises, aux principes anti-sociaux. Mais nous savons combien le milieu social a d'empire sur les déterminations humaines, et nous n'ignorons pas que ce sont les mauvaises institutions qui font les mauvais fonctionnaires publics. C'est pourquoi nous sommes portés à l'indulgence envers les hommes de notre temps, et, si petite que puisse être leur dose de bonne volonté à côté de leur dose de faiblesse, nous excusons volontiers la faiblesse, et nous attendons avec patience, avec bienveillance, les effets de la bonne volonté.

Or, on nous avait assuré que M. Legrand, loin de s'opposer en

principe à ce que les conducteurs pussent, moyennant épreuves et examens, obtenir le grade d'ingénieur, se montrait, au contraire, favora-
ble à cette réforme. On allait jusqu'à dire que M. Legrand se serait
plaint des résistances qu'il rencontrerait, à cet égard, au sein du
corps des ponts-et-chaussées, et surtout parmi les membres du conseil-général. On ajoutait même qu'il avait prononcé ces paroles signi-
ficatives : « Il arrivera au corps des ponts-et-chaussées ce qui est arrivé
à la noblesse en 93 ; elle n'a pas voulu modifier ses privilèges : le
peuple les a brisés, et la noblesse a disparu avec eux. »

Ce qu'on pouvait espérer.

Ces paroles prophétiques nous avaient un peu rassuré. Nous nous
disions : Le jour où les Chambres réviseront à loisir les bases des administrations publiques, elles voudront lever la barrière que le gouvernement impérial avait établie, et que la Restauration et la Révolution de juillet ont maintenue, entre les ingénieurs et les conducteurs,
au mépris du droit commun, au mépris de la charte octroyée et de la
charte jurée. Et alors, par le concours même de l'homme qui la représente, l'administration des ponts-et-chaussées se transformera pa-
cifiquement : de féodale qu'elle est encore aujourd'hui, elle deviendra
démocratique.

L'élévation de M. Jayr au ministère des Travaux publics ajoutait à
nos espérances. Il n'est pas possible, pensions-nous, qu'un ministre
qui, dès le jour où il a fonctionné comme conseiller de préfecture, a
dû être à même d'apprécier l'intelligence, les services, la valeur réelle
de quelques conducteurs, n'ait pas été choqué de l'injustice, de
l'imprudence qui consiste à refuser à des hommes chargés de
contrôler la partie la plus délicate des dépenses de l'État, la juste récompense de leurs travaux, de leur capacité, de leur dévouement. —
Que M. Teste, ministre des Travaux publics, n'ait pas réfléchi qu'il y
avait danger pour la morale administrative à exposer aux tentations de
la concussion, de la corruption, une catégorie d'agents à qui on ne
laisse pas même, à défaut de rétribution suffisante, la chance d'une
récompense honorifique,—à la rigueur cela se conçoit.—Mais, M. Jayr,
averti par les *faiblesses* mêmes de son prédécesseur, mais M. Legrand,
en qui l'absence de caractère n'exclut pas du moins l'intégrité, quel
empressement ne mettront-ils pas à régler les droits légitimes, impres-
criptibles, de tous leurs administrés, en considérant surtout que, pour

empêcher les conséquences de la contagion découlant de haut, ils n'ont qu'à introduire l'ordre et la justice là où a régné jusqu'ici le plus monstrueux arbitraire!

Plus de doute!

Nous nous étions trompé sur M. Jayr : on vient de voir son programme. On nous avait trompé sur M. Legrand : voici comment, par sa circulaire du 7 juillet dernier, il interprète ce programme, arrêté, — il le déclare, — sur sa proposition :

« ... Ces examens, auxquels pourront être admis en même temps des piqueurs et des *candidats étrangers* au service, seront passés, etc. »

« ... L'administration supérieure, qui arrêtera la liste des candidats, se réserve de n'y comprendre que ceux dont les *antécédents* lui promettent de bons et utiles agents... »

« Le résultat des travaux de chaque commission sera un *avis d'admissibilité* pour les candidats ayant satisfait dans une mesure convenable aux obligations du programme. Mais l'administration supérieure *se réserve d'arrêter*, après le dépouillement des examens de tous les départements, la *liste des candidats admis définitivement* à concourir pour les emplois auxquels elle aurait à pourvoir par suite de vacances ou de créations. »

Ainsi, plus de doute! on pourra ouvrir le concours à tout candidat bien appuyé, bien protégé, bien apostillé! Ainsi, quand bien même les chefs de service désigneraient un de leurs employés comme apte à se présenter au concours, l'administration supérieure, qui a sans doute des moyens d'appréciation plus certains que les ingénieurs, peut exclure ce candidat! Ainsi, encore, l'avis d'admissibilité ne donne aucune garantie d'admissibilité, car l'administration supérieure, concentrant en soi toute intelligence et toute élection, arrêtera la liste des candidats définitivement admissibles... à quoi? à concourir avec tous autres... pour les emplois vacants! Et ces *tous autres*, l'administration reste parfaitement libre de les prendre même parmi ceux qui auraient échoué dans leur examen!

L'arbitraire réglementé.

Quelle dérision ! Et l'on appelle cela un règlement d'administration! Oui, c'est le règlement du favoritisme. C'est la proclamation, c'est la constitution, c'est la réglementation de l'arbitraire, et d'un arbitraire d'autant plus odieux qu'il affecte tous les dehors de la justice et qu'il en a toute l'hypocrisie! C'est plus que tout cela, c'est l'organisation de la police administrative !

Et puis, est-il assez ridicule, est-il assez humiliant le rôle de ces examinateurs chargés de transmettre à l'administration supérieure un *avis d'admissibilité*, c'est-à-dire de simples notes, de purs renseignements ? Lorsqu'il instituait ues jurys d'examens, l'empereur acceptait du moins le principe qu'il posait : les examinateurs étaient des fonctionnaires sérieux; ceux qu'ils recevaient étaient reçus. M. Legrand pousse plus loin que Napoléon l'exagération du principe exclusif d'autorité !

Ah ! qu'on nous rende donc les institutions de l'empire! qu'on nous ramène donc à l'exécution sincère du décret de 1804 ! Ce décret vouait que le conseil général des Ponts-et-chaussées fût consulté sur les questions de classement et d'avancement, et ce n'est qu'en foulant aux pieds cette sage prescription, que les directeurs généraux ont créé à leur profit ce droit souverain d'élection dont ils usent et abusent, comme tous les usurpateurs, au gré de tous les vents qui enflent leurs préférences ou soufflent sur leurs fantaisies.

Et voilà ce qu'après quatre ans de réflexion, l'administration donne comme une preuve de sa *bienveillance éprouvée* à des hommes qui lui demandent des garanties !

Mais, mon Dieu ! c'est donc une cécité particulière à tous les administrateurs généraux ? Ils ne voient donc pas qu'ils devraient, dans leur intérêt même, s'astreindre à des mesures d'organisation sincère et réelle, et que le meilleur moyen d'écarter les solliciteurs importuns, c'est de leur opposer des règles et des prescriptions équitables?

Non ! ils ne voient pas cela ! non, ils ne veulent rien entendre !... De toute évidence, le seul but du programme du 31 mai est de multiplier en France la matière apostillable. C'est la méthode gouvernementale actuelle, ce sont les voies et moyens de la grande politique !

M. Legrand a-t-il eu l'idée première de cette triste mesure, ou bien a-t-il cédé à des prescriptions venues de plus haut? il n'importe; la mesure est prise, et M. Legrand s'y est prêté de bien bonne grâce ! O faiblesse de caractère ! tu fais souvent plus de mal que l'esprit de corruption lui-même !

Un mot d'espoir.

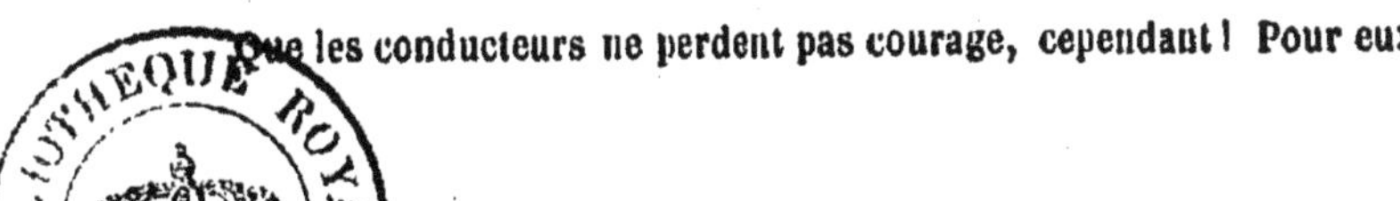

Que les conducteurs ne perdent pas courage, cependant ! Pour eux

se lèveront des jours meilleurs. Déjà la génération des jeunes ingénieurs est sympathique à leurs droits. Les hommes qui nous gouver-
nent passeront, les droits des conducteurs ne passeront pas, et toute
administration des Travaux publics qui voudra mériter le titre de ré-
paratrice, devra les inscrire dans son programme.

P. S.—Nous apprenons qu'on offre en ce moment à la signature des
conducteurs une adresse où l'on félicite M. Legrand sur les termes
de sa circulaire. Voilà qui s'appelle lécher la main qui nous frappe !

Il y a gros à parier que M. Legrand, qui repousse avec tant de dureté les pétitions collectives, laissera arriver jusqu'à lui les remercie-
ments collectifs, et qu'avant longtemps, le conducteur qui a pris l'initiative de cette adresse, obtiendra la faveur d'un service d'arrondissement...

CHAPITRE QUATRIÈME.

—

ORGANISATION UNITAIRE

DU SERVICE DES CHEMINS VICINAUX.

Observation préliminaire.

Notre plan de réforme serait incomplet si, proposant de placer les chemins vicinaux dans les attributions des ingénieurs, nous ne consacrions une courte notice à ces voies de communication.

Les chemins vicinaux soulèvent d'ailleurs une question très controversée, celle de la prestation en nature. Nous devons dire notre avis sur ce mode de contribution, et, quelle qu'en soit la valeur à nos yeux, indiquer le meilleur moyen de lui faire produire tous les résultats dont il est capable.

§ Ier.—L'Atelier vicinal organisé.

Importance de l'atelier vicinal.

Pour apprécier l'importance de l'atelier vicinal au point de vue du bon emploi des ressources qui servent à l'alimenter, il suffit de consulter le rapport du ministre de l'intérieur, publié en 1845, et comprenant les cinq exercices qui ont suivi la loi du 21 mai 1836.

A la fin de 1841, lorsque les routes royales et départementales réu-

nies ne présentaient qu'un développement de 75 000 kilomètres, la lon.
gueur des chemins vicinaux classés s'établissait ainsi :

    Chemins de petite communication. . . . 586 887 kilomètres.
    Chemins de grande communication. . . 52 075   —

A ces chemins était attaché un personnel très insuffisant de 1 559 agents-voyers de tous grades.

Le budget vicinal qui, en 1837, produisait, tant en argent qu'en prestation, 44 431 582 francs, atteignait, en 1841, le chiffre de 53 345 551 francs, et se résolvait par 45 700 000 journées d'hommes, 10 800 000 journées de bêtes de somme et 4 800 000 journées de voitures.

Si, par une négligence tout à fait regrettable, le ministre de l'intérieur n'eût pas laissé écouler cinq années sans publier de rapport, nous pourrions sans doute annoncer qu'en 1846 le nombre des agents-voyers s'est élevé au-dessus de 2 000, et que le budget vicinal a atteint 65 ou 70 millions.

En calculant, à raison de 5 fr. 50 c. en moyenne, le coût du mètre courant, ce serait donc environ 20 000 kilomètres de chemin, dont les ressources de ce budget spécial permettraient aujourd'hui l'établissement annuel.

On voit qu'il y a là un magnifique champ d'expérience et de travail social.

Un parallèle administratif.

S'il est une chose propre à démontrer les dangers de la manie paperassière et les inconvénients de la concentration, c'est assurément le contraste que présentent les procédés administratifs des Ponts-et-Chaussées et ceux des agents-voyers. Dans toutes les localités où ces derniers sont sérieusement organisés, on peut dire que les heures qu'ils donnent à la surveillance et celles qu'ils passent au bureau, sont en rapport inverse avec ce qu'exige le service des Ponts-et-Chaussées, du moins pour tout ce qui rentre dans le cercle des opérations dont le conseil-général est le centre absorbant et formaliste. « Gardez-vous des savants, nous écrivait dernièrement un homme compétent dans cette matière. Avec mes piqueurs ignorants, qui manient le niveau mieux que les savants, qui calculent à l'œil les déblais et les remblais à faire, j'aurai terminé mon réseau de chemins, tandis que vos savants seront encore à écrivailler, à dresser des plans, des coupes, des élévations en long et en travers, des détails et des sous-détails de prix, en un mot ce qu'on appelle des projets réguliers. »

Tenons compte de ce qu'il y a d'exagéré et d'exclusif dans cette critique, et convenons toutefois que, si les chemins vicinaux, au lieu d'être confiés, dans chaque département, à la direction suprême d'un ingénieur ou d'un voyer en chef, avaient dû subir toutes les filières de l'administration générale et attendre les autorisations du conseil des Ponts-et-Chaussées, tout se trouvait entravé, paralysé.

Des sphères administratives.

Et ici, qu'il nous soit permis de dresser le tableau de la hiérarchie des Travaux publics, telle que le bon sens aurait dû la faire établir depuis longtemps en France.

Aujourd'hui, l'adoption et l'exécution d'une route départementale dépendent de deux autorités également incompétentes sous le rapport de la direction de la route et de l'opportunité du travail : nous voulons parler du conseil des Ponts-et-Chaussées, qui approuve ou rectifie, et du conseil-général du département, qui propose le tracé et vote la dépense. Ne voit-on pas que le conseil des Ponts-et-Chaussées est le plus souvent beaucoup trop éloigné des lieux que la route doit desservir pour pouvoir apprécier sainement la direction qu'il convient de lui donner ? Et, de son côté, le conseil général de département ne peut-il avoir, dans la question, des intérêts ou des vues trop étroites ? Nous pourrions citer vingt faits à l'appui de cette dernière assertion. Le plus souvent, une route départementale doit mettre en rapport deux parties de deux départements. Que de fois, tandis que l'un des départements désire plonger dans le territoire du voisin, il arrive que celui-ci y met obstacle, simplement pour retenir le mouvement que l'autre se propose d'attirer de son côté ? Nous savons que, dans ce cas, le ministre peut intervenir ; mais il ne se décide guère à user de cette faculté qu'après avoir donné aux populations, pendant un temps plus ou moins prolongé, le pénible spectacle d'une belle route ouverte par le département intéressé à la communication et qu'arrête brusquement la limite du département voisin.

La seule théorie, en pareil cas, c'est de subordonner les sphères d'action aux sphères de direction, c'est d'attribuer à chaque autorité, selon son rang, les décisions concernant les intérêts du degré immédiatement inférieur. Les autorités de premier ordre ne doivent agir sur les intérêts secondaires que par voie d'inspection, d'instruction, de protection et d'unitarisation. Faire plus ou moins, c'est créer un danger : remettre la décision à une autorité trop élevée, c'est s'engloutir dans la concentration ; les abandonner à chacune des autorités directement intéressées, c'est s'exposer aux inspirations de l'individualisme et au gaspillage du morcellement.

Du rétablissement des chefs-lieux de province.

Mais, pour faire l'application de ces maximes à une nation, il faut que ses organes administratifs soient disposés et hiérarchisés pour cette fin. Une nation, comme tout être organisé, est composée d'un nombre de séries préposées aux diverses fonctions sociales ; et, pour peu qu'un terme manque à l'une d'elles, le jeu des autres séries se trouve faussé, et l'harmonie du corps entier est compromise.

Or, bien évidemment, dans la France d'aujourd'hui, il manque un terme essentiel à la série administrative. Ce terme, c'est la Province. La Révolution française avait ses raisons pour le supprimer ; mais supprimer n'est pas organiser. *A priori* on sent qu'entre la capitale, unité supérieure d'un pays aussi vaste que le nôtre, et les unités secondaires qui ont pris le titre de départements, il y a nécessité de recourir à un terme moyen. Cet intermédiaire, c'est l'unité provinciale.

Cette nécessité s'est montrée plus absolue, plus impérieuse dans l'ordre militaire et dans l'ordre judiciaire que dans l'ordre administratif, et de là vient la création des divisions militaires et le maintien des cours royales (autrefois parlements).

Il n'en est pas moins certain que l'ordre administratif, comme l'ordre agricole, industriel et financier, appelle une unité supérieure au département ; aussi voit-on chaque jour les sociétés départementales d'arts, de sciences, d'agriculture, former des associations correspondant à l'unité provinciale. Le rétablissement des chefs-lieux de provinces est trop dans la nature des choses, pour n'être pas réalisé tôt ou tard, sous une forme et avec une dénomination quelconque.

Hiérarchie des Travaux publics.

Comme, pour notre part, nous ne saurions établir de spéculations vraies que sur des données vraies, c'est en supposant le rétablissement de la province que nous allons construire la hiérarchie des Travaux publics, telle que nous la comprenons.

Les routes royales et canaux exécutés aux frais de l'Etat sont soumis au contrôle et au vote du gouvernement central.

Les routes départementales et canaux, exécutés aux frais des départements, sont soumis au contrôle et au vote du gouvernement provincial.

Les routes vicinales de grande communication, exécutées aux frais des arrondissements, sont soumises au contrôle et au vote de l'administration départementale.

Les routes vicinales de moyenne et petite communication, exécutées aux frais des cantons et des communes, sont soumises au contrôle et au vote de l'administration arrondissementale.

Echapperaient seuls à cette règle les grands travaux spéciaux, tels que ponts, tunnels, etc., qui soulèveraient une grave question d'art, ou qui, excédant une importance facile à déterminer, devraient, à raison de leur importance même, être soumis à l'approbation du conseil-général des Travaux publics.

Distribution des fonctions.

La conséquence immédiate de ces principes, c'est que, comme chaque arrondissement a son ingénieur et chaque département son ingénieur en chef, il faut que chaque province ou division ait son inspecteur divisionnaire à demeure, et qu'à chacun de ces centres successifs soient étudiées et résolues les questions qu'enferme la sphère administrative qui vient de leur être assignée. Et ainsi serait soustraite à l'examen du conseil général des Ponts-et-Chaussées cette multitude de projets qui absorbent sans raison le premier corps consultant des Travaux publics; et ainsi seraient utilisées les connaissances et l'expérience des inspecteurs divisionnaires : ils arrêteraient les projets de routes départementales, après avoir consulté le conseil d'inspection formé d'ingénieurs en chef, et ceux-ci arrêteraient les projets de chemins vicinaux de grande communication en conseil d'ingénieurs ordinaires, lesquels arrêteraient les projets de chemins vicinaux de moyenne et de petite communication.

Il est à peine besoin d'indiquer que les formes observées par les conseils d'ingénieurs de différents degrés, seraient parallèles et analogues à celles qu'aurait suivies antérieurement, et pour les mêmes objets, l'ordre administratif proprement dit, c'est à-dire que les délégués des conseils-généraux, présidés par le gouverneur de la province, voteraient les allocations des routes départementales, que le conseil-général voterait le budget arrondissemental, et le conseil d'arrondissement le budget cantonnal et communal.

Ajoutons qu'aux chefs-lieux provinciaux seraient établis des dépôts de machines coûteuses et d'un emploi peu fréquent, dépôts qui auraient une succursale dans chaque département, comme ils seraient eux-mêmes des succursales de l'établissement connu à Paris sous le nom d'*Atelier central des ponts à bascule.*

Dans cette organisation, les préfets et sous-préfets deviendraient des administrateurs utiles, et les conseillers de département et d'arrondissement des contrôleurs sérieux, tandis qu'ils ne sont aujourd'hui, ceux-ci que des donneurs d'avis dédaignés, ceux-là que de purs instruments électoraux.

Enfin, les maires, rendus à leur fonction purement municipale, seraient régulièrement consultés; mais ils n'auraient plus qu'une action indirecte sur ces chemins vicinaux qu'ils ont généralement administrés sans unité, sans ordre, au gré des influences locales ou même de leurs intérêts personnels, gaspillant les ressources, ne rendant nul compte des résultats obtenus, et (comme les mêmes causes et les mêmes circonstances amènent toujours les mêmes effets) reproduisant, de commune à commune, ces faits d'hostilité déplorable que nous avons vus se produire de département à département.

Les ingénieurs doivent être chargés du service vicinal.

Nous venons de supposer que les ingénieurs en chef et les ingénieurs ordinaires auraient dans leurs attributions les chemins vicinaux. Nous demandons, en effet, qu'il en soit ainsi.

Nous le demandons, parce que les ingénieurs se montrent généralement plus indépendants des influences de localité que ne le sont les maires ou les sous-préfets, et même les agents-voyers, obligés de se prêter, ceux-ci dans l'intérêt de leur avancement, ceux-là dans un intérêt municipal ou politique, aux prétentions de certaines familles ou aux exigences de certains propriétaires.

Nous le demandons, dans le but d'unitariser naturellement et sans efforts le service des chemins vicinaux. Avec un corps d'agents-voyers, distinct de l'administration générale des Travaux publics, cette unitarisation ne pourrait avoir lieu que si l'on créait, pour ce corps spécial, un dispendieux personnel d'inspecteurs. Pourquoi ne pas éviter ce double emploi en s'adressant à des fonctionnaires pliés d'avance aux mesures et aux dispositions unitaires, non seulement par leur éducation et leur instruction, mais par l'effet des inspections annuelles dont leur service est l'objet ?

Nous le demandons enfin, parce que, tout en laissant aux autorités divisionnaires, départementales et arrondissementales, toute la part qui doit leur revenir dans la direction et l'exécution des voies vicinales, et sans s'occuper des éléments variables, tels que la composition et l'épaisseur des chaussées, différant selon la nature du sol, des transports, des ressources locales, etc.; en un mot, sans s'immiscer dans les questions secondaires, l'administration supérieure des Travaux publics règlementerait les *maxima* et les *minima* de largeur de chaussées, d'accottements, etc., les *maxima* de pentes, depuis la route royale qui exige une faible traction et permet un entretien coûteux, jusqu'au chemin de petite vicinalité, placé dans des conditions inverses. — L'administration sait, par exemple, que la *pente est fonction de l'entretien* : elle poserait à cet égard des principes généraux dont les ingénieurs lui garantiraient suffisamment l'observation. — On voit aujourd'hui combien de chemins de grande communication rivalisent, dans leurs conditions d'établissement, avec les routes royales, combien de routes départementales inférieures de tous points à certains chemins de petite vicinalité ! — Et cela sans utilité, sans autre motif que le caprice de l'agent-voyer ou la fantaisie de l'autorité locale ! L'administration des Travaux publics, par ses instructions, par ses agents, mettrait fin à cette ruineuse incohérence. — Enfin, qu'un ouvrage pressé, qu'un désastre à réparer, qu'un cas de force majeure se présente, et, pour transporter sur le champ du travail tous les pionniers tant des routes royales et départementales que des chemins vicinaux, il n'y aurait qu'une administration et qu'une autorité, il n'y aurait qu'un ordre et qu'une direction !

Certes, une Armée des Travaux publics se garderait bien de laisser en dehors de son action ces utiles communications qui, en permettant le facile transport des denrées, des engrais, etc., sont appelées à élever à une puissance inespérée la richesse territoriale, et par suite la richesse industrielle de la France. Depuis les routes internationales qui mettent en rapport les peuples de la terre, jusqu'à ces modestes chemins qui intéressent immédiatement l'élément producteur, les Armées des Travaux publics tiendraient à honneur de tout embrasser dans le cercle de leurs attributions ; elles croiraient leur œuvre incomplète si, à côté des grandes artères offrant un parcours facile, prompt, luxueux, les petites veines demeuraient impraticables, engorgées, ou seulement hors d'harmonie avec les grands canaux de la circulation.

Eh bien ! ce que l'Armée des Travaux publics ferait avec l'ordre, l'ensemble et les moyens puissants qui la caractérisent, l'administration des Ponts-et-Chaussée doit l'essayer dans la mesure de ses forces.

Du choix des méthodes.

Mais devra-t-elle appliquer aux chemins vicinaux les méthodes généralement adoptées par elle et recommandées par l'État pour la confection des routes royales et départementales ? Non ! — En dépit de l'instruction ministérielle qui a interprété la loi du 21 mai 1836, les sous-ingénieurs qui, d'après notre plan, seraient chargés d'un arrondissement de chemins vicinaux, devront se tenir constamment en garde contre les adjudications et contre les adjudicataires. Les unes demandent un temps précieux pour de vaines formalités, et quant aux autres, ils font revenir les travaux d'art un quart plus cher qu'on ne les obtient au moyen d'une bonne régie.

Mais ce ne sont là que des raisons négatives. Notre meilleur, notre principal motif, c'est que l'atelier vicinal est éminemment propre à donner l'exemple, le type d'une régie bien organisée. Or, les conditions et la puissance d'une régie bien organisée, combien peu de constructeurs en ont conscience ! Il faut le dire, en effet : — altre chose est la connaissance technique d'un art, d'une profession, —autre chose est cette aptitude spéciale qui, organisant, en vue des arts et des professions diverses, les éléments d'action et d'exécution, leur fait produire le *maximum* d'effet utile.

Idée d'une régie bien organisée

Nous l'affirmons sans crainte, c'est là, c'est sur l'atelier vicinal que peut et doit s'essayer en petit, avec succès, *l'élément émulatif*, dont les Armées industrielles produiront un jour de si magnifiques applications.

Entre gens qui se connaissent, qui ont un intérêt commun à une bonne viabilité rurale, l'esprit de rivalité, qui seul peut donner de l'élan aux travaux, doit naître comme de lui-même, et, pour peu qu'on sache l'exciter et l'élever en puissance, il doit se changer en enthousiasme pour l'œuvre collective.

Dans ce but, il ne faut pas seulement établir l'émulation entre groupes ou brigades de prestataires formés au hasard, il faut corporiser ces groupes par agglomération territoriale ; il faut former une brigade des travailleurs de chaque village, de chaque commune, et l'appeler sur les autres villages de la commune, sur les autres communes du canton. Là, par le déploiement de son activité, elle portera aux brigades rivales un défi continuel de faire mieux, lorsque celles-ci viendront à leur tour aider sur son propre territoire la brigade un moment émigrée.

Quoi que nous puissions avoir à dire sur le principe de la prestation en nature, et notamment sur l'assiette actuelle de cet impôt, reconnaissons-le tout de suite, — autant la prestation en nature, mal employée, mal dirigée, peut provoquer de plaintes, de critiques et de répulsions, — autant, envisagée au point de vue du travail collectif, elle présente un précieux germe d'organisation.

Rôle social des sous-ingénieurs.

Quel beau rôle auraient à jouer dans ce mécanisme ces sous-ingénieurs à qui nous confierions la direction d'un arrondissement vicinal et la mission de régulariser, d'unitariser l'emploi de la prestation ! Que de beaux exemples, que d'exemples féconds ils pourraient donner au pays sous le rapport de l'organisation de ces utiles travaux ! Que de beaux bulletins de travail ils auraient à enregistrer dans les annales des Ponts-et-Chaussées ! Pour eux l'arrondissement vicinal serait un champ d'épreuves où ils se prépareraient, par des actions d'éclat, à agir sur un plus vaste théâtre ! Quel noble privilège que celui de donner à la France et au monde le premier modèle de travail organisé, le plus modeste *specimen* de cette association générale, universelle, dont le gouvernement central du globe sera un jour la plus haute, la plus sublime expression ! — Puissent-ils, le jour où notre projet se réalisera, puissent-ils ne pas perdre un instant de vue le but transitoire, mais glorieux, qu'il leur sera donné d'atteindre !

Ce but, le voici :

Les populations réconciliées.

Le passé a légué à beaucoup de communes de tristes souvenirs de haine et de rivalité aggressive. En attendant que ces restes honteux des siècles d'ignorance disparaissent dans une association plus large, plus intime, et surtout plus éclairée, de tous les intérêts et de tous les caractères, la seule association aujourd'hui possible entre ces petites unités territoriales, est celle qui naît de l'intérêt commun, de la nécessité même qui les relie dans l'exécution des travaux de vicinalité.

En se transportant alternativement les unes chez les autres pour s'y livrer à des œuvres d'utilité générale, les communes, représentées par leurs brigades de travailleurs, s'habitueront à se voir, à s'estimer, à s'aimer, et peu à peu elles renonceront à ces préventions, à ces haines aveugles, à ces collisions qui ont déshonoré la France féodale, et dont les vestiges déshonorent trop souvent encore la France constitutionnelle !

Le travail général équilibré.

Autre point. Sous l'action d'un cantonnier intelligent, une route empierrée peut se déprimer dans une certaine mesure, sans que cependant la traction en soit sensiblement aggravée. Supposons exécuté et parvenu à l'état d'entretien l'immense réseau des chemins vicinaux : ne pourrait-on, dans les années où le travail agricole réclame beaucoup de bras, en appeler un moins grand nombre sur les routes vicinales ? Ne pourrait-on mettre en réserve les produits et, pour ainsi parler, les arrérages de la prestation, pour les employer, au grand avantage des travailleurs et des prestataires, alors que l'agriculture ou l'industrie éprouverait une de ces crises, un de ces chômages dont l'effet est de jeter sur le pavé tant d'hommes qui ne demandent du pain que parce qu'ils manquent de travail ?

Ainsi les chaussées vicinales, après avoir perdu de leur épaisseur en temps prospère, reprendraient, aux époques de pénurie, les dimensions, nous dirions presque la force nécessaire pour suffire durant les années de prospérité agricole et industrielle. Ce moyen, qui n'est en réalité qu'une extension du principe même de la prestation (qui veut que cet impôt soit employé en morte saison), ce moyen régulateur a été proposé, dans la *Démocratie pacifique,* par un homme dont tout le monde reconnaît la valeur pratique, par un ingénieur en chef qui voit, lui aussi, dans les chemins vicinaux un précieux champ d'initiative pour cette organisation du travail dont on commence à se préoccuper si vivement aujourd'hui.

Dira-t-on que notre proposition va directement contre le principe posé dans la circulaire ministérielle qui a suivi la promulgation de la loi du 21 mai 1836 ? Nous répondons qu'une circulaire n'est qu'une circulaire, et que le principe posé dans la circulaire en question est un principe étroit et mal conçu.

Ne nous arrêtons pas à cette difficulté. Nous croyons que nos propositions n'exigent pas le remaniement de la législation actuelle sur la matière vicinale ; mais, fallût-il modifier l'esprit de la circulaire interprétative de la loi de 1836, fallût-il refondre entièrement cette loi elle-même, nous n'en maintenons pas moins notre projet.

Eh ! nous le demandons, existe-t-il aujourd'hui de plus belle, de plus attrayante fonction que celle qui préparerait cette fusion des communes, des classes, des familles, et présiderait à cet équilibre du travail général, dont nous n'avons pu donner qu'un trop rapide aperçu ? N'y a-t-il pas, dans l'accomplissement de cette mission sociale, de quoi élever à sa haute région le cœur de nos sous-ingénieurs, de quoi leur inspirer cette ardeur, cet enthousiasme, cette persévérance, ce dévouement, qu'ils communiqueront dès-lors, comme de source vive, aux ateliers organisés pour cette religieuse fin d'avenir !

Les chemins vicinaux de l'arrondissement de Fougères.

Ces résultats, ces projets, ces désirs, n'existeraient-ils que dans notre imagination ? Aurions-nous carressé un rêve irréalisable ?

Non ! et c'est à des faits acquis, constatés, vérifiés, que nous allons demander nos preuves : nous allons invoquer l'appui, l'autorité de l'expérience.

Ecoutons M. Berlin, sous-préfet de Fougères, raconter la transformation des chemins vicinaux de son arrondissement dans l'espace de six années (1).

« Sur 160 lieues de chemins vicinaux, l'arrondissement n'a eu jusqu'ici que 10 lieues de chemins vicinaux de grande communication : il est peut-être l'arrondissement de France le plus maltraité sous ce rapport. Mais, grâce à une organisation particulière des travaux de la prestation en nature, organisation qui a eu pour but de substituer la force de l'association, le travail d'ensemble, intelligent et combiné, à l'impuissant gaspillage de l'individualité, au travail morcelé, inintelligent et désordonné, la direction des travaux des chemins vicinaux ordinaires est depuis long-temps entièrement centralisée entre les mains

____

(1) *Notice historique et statistique sur l'arrondissement de Fougères.—* 1840, Rennes, Imprimerie de Marteville et Lefas.

de l'administration du chef-lieu d'arrondissement ; on a pu donner à l'établissement de ces chemins les mêmes soins que l'on apporte à la confection des chemins de grande communication, et assurer, pour l'avenir, leur bon état d'entretien.....

» Depuis 1839 on emploie, chaque année, une valeur d'environ 110 000 francs.

» Voici le tableau des travaux exécutés de 1839 à 1844 :

ANNÉES	LONGUEURS		
	OUVERTES.	EMPIERRÉES.	ENTRETENUES.
1839	34 420 m.	18 300 m.	20 010 m.
1840	20 840	22 270	38 370
1841	21 430	25 530	60 640
1842	24 390	20 834	86 174
1843	25 745	23 492	116 002
1844	28 801	38 419	139 496

» ... En examinant le tableau des travaux exécutés depuis 1839, toujours seulement avec les trois journées de prestation en nature et le produit des 5 centimes additionnels, c'est-à-dire en quelque sorte avec la même force motrice, on reconnaît facilement que l'emploi de la prestation s'est amélioré successivement ; et cette amélioration est due au développement de l'organisation des travaux des chemins vicinaux dont nous allons parler. Mais on voit par ce tableau qu'il en est d'une organisation administrative comme d'une machine compliquée : ce n'est pas du premier jet que l'on arrive à resoudre le problème pivotal de toute mécanique, l'économie de ressorts, le plus grand effet possible avec la moindre dépense de forces, ou les effets les plus variés avec la même force. C'est en faisant fonctionner une machine que l'on peut en apercevoir les défauts, que l'on arrive à établir la meilleure distribution des forces, le meilleur agencement des rouages. En 1839, comme en 1844, ce sont les mêmes forces, ce sont les mêmes rouages qui ont agi, et cependant quelle différence d'effets en quantité, en qualité, en variété de travail ! Cela vient en grande partie de ce que l'administration de l'arrondissement a apporté, chaque année, des améliorations aux détails de l'organisation des travaux de la prestation en nature. Cette différence tient encore à l'accoutumance, qui a rendu familiers à la population et aux agents de direction tous les travaux de confection des chemins, tous les détails d'un travail combiné, organisé : aussi, chaque année, le mécanisme de cette organisation se simplifie.

» L'arrondissement est partagé en quatre circonscriptions de communes. Chaque circonscription, qui est elle-même divisée en plusieurs groupes de communes, a son agent-voyer, ses brigades mobiles de cantónniers, son outillage, qui se transportent successivement dans chaque groupe de communes pour l'exécution de la prestation, d'après les ordres arrêtés par le sous-préfet et l'agent-voyer de l'arrondissement. Chaque commune paie les cantonniers et les réparations d'outils pendant le temps que des travaux s'exécutent sur son territoire. Le paiement des outils neufs se fait de manière que toutes les communes de la circonscription contribuent à l'entretien de l'outillage, en proportion de leurs dépenses pour les chemins.

» Pour les cinquante-sept communes de l'arrondissement, le personnel de l'administration des chemins vicinaux se compose d'un agent-voyer d'arrondissement, de cinq agents-voyers secondaires, dont un comptable, de soixante-neuf cantonniers et d'une vingtaine d'ouvriers auxiliaires, parmi lesquels on recrute les cantonniers. Excepté les ouvriers auxiliaires, tous les agents et cantonniers sont employés et payés à l'année. Les agents-voyers sont seuls payés par le département. Chaque année, après avoir pris connaissance des ressources et des besoins des communes, en ce qui concerne la viabilité, les agents-voyers dressent, avec l'avis des maires, le programme des travaux à exécuter. Ce programme est arrêté par le sous-préfet et mis à exécution successivement, en suivant l'ordre d'aménagement des communes. Les agents-voyers secondaires donnent les ordres pour l'exécution des travaux, qui se font presque tous à la tâche, en ayant soin de régler la dépense sur l'avoir des communes. Chaque mois ils dressent les pièces des dépenses faites dans les communes ; les maires les contrôlent, les approuvent et signent seulement les mandats des sommes dues. *Mais les maires n'ordonnent par eux-mêmes aucune dépense pour les travaux des chemins vicinaux.* A la fin de chaque année, les agents-voyers rendent un compte général et détaillé de tous les travaux exécutés et des résultats obtenus. »

Ici M. Bertin donne le tableau de l'aménagement des communes de son arrondissement, en 4 circonscriptions, 20 groupes et 151 sous-groupes, et il ajoute :

« L'outillage confié à la garde de chaque conducteur est la propriété unitaire et proportionnelle des communes associées par circonscriptions. Il passe successivement dans chaque groupe avec le personnel. De cette manière, tous les ateliers sont bien outillés et avec économie. L'outillage servant toujours, n'est plus un capital mort pendant les trois quarts de l'année, et il faut moitié moins d'outils que si chaque commune possédait son outillage particulier. L'ensemble des travaux de la prestation s'exécute seulement pendant les mois de mars, avril, mai, juin et juillet ; mais, pendant tout le reste de l'année, les canton-niers, des ouvriers auxiliaires et quelques prestataires continuent à faire divers travaux relatifs aux chemins, et le temps que l'on consacre à l'exécution des travaux dans chaque commune est proportionné à son importance. La prestation n'est pas appliquée aux travaux des chemins de la même manière dans toutes les communes : les conducteurs tiennent compte des besoins, de la constitution topographique et sociale de chaque commune. Pour tirer le meilleur parti possible de la prestation, ils ont recours, suivant les cas, à différentes combinaisons non prévues par la loi, mais acceptées par les prestataires : telles sont la conversion totale ou partielle des journées d'une espèce en journées d'une autre espèce ; l'exécution des fortes cotes de prestation par division.

» Avec ce système, on obtient un travail bien organisé, dirigé avec unité, et cependant qui satisfait aux besoins variés de tous les sous-groupes. Par l'association, la solidarité établie entre les différents centres de travail, entre les communes de chaque circonscription, on réalise, en outre, une grande économie de ressorts et de dépenses en agents de direction et en instruments de travail. On a donc en même temps la variété dans l'unité, la meilleure des règles que l'on puisse appliquer pour obtenir une organisation qui approche, autant que possible, de la loi sériaire qui préside à l'arrangement de toutes les œuvres de la création.

» Les bons résultats de cette organisation du travail de la prestation ont été assez rapides, pour que la population de l'arrondissement en ait promptement compris la valeur, et elle s'est soumise, sans beaucoup de difficultés, à toutes les combinaisons, à toutes les exigences que nécessitait sa mise en pratique. Aujourd'hui, dans beaucoup de communes, les prestataires font plus de travail que l'on n'en pourrait obtenir des salariés, au prix de la journée de travail dans le pays ; les travaux sont aussi bien exécutés que s'ils étaient faits par un entrepreneur, et ils reviennent à un prix inférieur à celui auquel il pourrait les faire. »

Écueil à éviter.

Après cet exposé, M. Bertin signale un écueil contre lequel il est bon de prémunir les administrateurs qui auraient la louable ambition de marcher sur ses traces :

«Ce système d'aménagement des travaux de la prestation, dit-il, a été adopté dans le département d'Ille-et-Vilaine et ailleurs ; il y a aussi produit de bons résultats, qui cependant ne peuvent être comparés à ceux que l'on a obtenus dans notre arrondissement. C'est que — avoir adopté, comme on l'a fait, le seul aménagement des communes par circonscriptions et par groupes, sans un nombreux personnel de cantonniers mobiles que l'on occupe toute l'année, sans un bon outillage des ateliers par l'association des communes de chaque circonscription pour la fourniture et l'entretien de cet outillage ; sans l'entière dispensation, par une autorité centrale et supérieure à celle des maires, de toutes les ressources affectées dans chaque commune aux chemins vicinaux ; sans l'application des prestataires à *tous* les genres de travaux qui entrent dans la confection des chemins, c'est n'avoir adopté qu'un bon cadre d'organisation. Mais ce cadre n'est qu'un des rouages de la machine qui constitue cette organisation, et l'on ne saurait faire bien marcher, avec un seul rouage, une machine qui en exige plusieurs pour exécuter un bon travail ; car les résultats que donne un mécanisme quelconque sont nécessairement le produit des mouvements de tous les rouages, le produit de l'ensemble de toutes les forces de la machine, qui se prêtent un secours réciproque. Si on ne met pas toutes les forces de la machine en action, la somme des effets sera moindre. »

Conditions de succès.

Ainsi donc, grâce à M. Bertin, grâce à l'intelligente et large application qu'il a su faire de l'article 6 de la loi du 21 mai 1836, qui laisse la faculté d'associer les communes et de centraliser les ressources, notre utopie existe, elle agit, elle fonctionne, elle reçoit la consécration du temps.

Et qu'a-t-il fallu pour cela ? Il a fallu un administrateur habile, persévérant, ferme, ami du bien, et assez convaincu de celui qu'il allait produire, pour s'emparer hardiment de la direction des chemins que la loi de 1836, si bienfaisante d'ailleurs, a eu le tort de laisser aux maires des communes.

Mais, dira-t-on, c'est là un fait exceptionnel. — Oui, et c'est cette honorable et brillante exception qui doit devenir la règle générale.

Donnerons-nous donc à tous les sous-préfets de France cet amour exquis de l'ordre, ce sentiment de la variété dans l'unité, cette science de l'organisation et de l'administration, dont M. Bertin nous offre un si précieux exemple ?... Ce n'est pas, d'ordinaire, à de telles vertus que s'attachent nos ministres de l'intérieur quand ils contresignent la nomination de ces agents électoraux qu'on appelle préfets et sous-préfets.

Aussi n'exigerons-nous d'eux que ce qu'ils peuvent nous donner. Nous supposerons simp'ement que préfets, sous-préfets, conseillers de préfecture, de département et d'arrondissement, se prêteront volontiers aux mesures qui viennent d'être décrites, et dont la direction ne peut du reste qu'ajouter à leur influence ; mais nous chercherons ailleurs les ressorts impulsifs et les moyens organiques nécessaires pour mener à bien notre entreprise.

Nécessité d'une vigoureuse impulsion générale.

Or, ces moyens d'ordre et d'action unitaire, à qui pourrions-nous les demander, dans l'état actuel de la machine administrative, à qui, sinon aux fonctionnaires de cette administration spéciale, qui pousse à ce point la préoccupation de l'ordre, qu'elle va jusqu'à méconnaître le nécessaire élément de la variété, et prend trop souvent l'uniformité pour l'unité? C'est donc, et en attendant un corps mieux préparé, c'est au corps des Ponts-et-Chaussées, duement modifié et réformé, que nous confierions l'œuvre des chemins vicinaux,—surtout si, à la tête de ce corps justement honoré, se trouvait un homme imbu de l'esprit d'organisation, sachant que chaque nature de service a sa sphère propre dont il est dangereux et faux de la faire sortir,—que là où finit la centralisation, commence la concentration ou l'anarchie,—que, tout en dirigeant les fonctionnaires de divers degrés par voie d'instructions générales et unitaires, il faut leur laisser une suffisante part de liberté; un homme enfin qui eût la passion des choses vraiment grandes, et qui considérât comme telles les choses vraiment utiles.

C'est qu'en effet, pour que la prestation en nature donne sur tous les points les résultats qu'en a obtenus M. Bertin, il faut que l'impulsion générale soit vive, soutenue, convaincue. Si, lors de l'installation, le directeur-général des Ponts-et-Chaussées se montrait faible irrésolu; s'il n'avait pas, dans la conception organique que nous avons esquissée, une confiance raisonnée, inébranlable; si l'urgence ne lui en était pas complètement démontrée, ou s'il manquait de cette volonté ferme et calme qui seule peut assurer le succès d'une œuvre nouvelle; enfin, s'il défaillait à la tâche, l'opération serait compromise et la mesure discréditée. Au lieu de diriger unitairement les sous-ingénieurs chargés des arrondissements vicinaux, il en ferait des fonctionnaires sans initiative, ou bien il laisserait se perpétuer l'incohérence dont on se plaint tant aujourd'hui.

Cette incohérence, si facile à éviter dans le système que nous présentons, elle était inévitable avec le système actuel, et l'on ne peut raisonnablement reprocher aux officiers municipaux de ne posséder pas les connaissances, la compétence que la législation leur avait bien gratuitement supposées.

§ 2°. — De la prestation en nature,

La Prestation considérée comme instrument de travail.

L'impôt de prestation est-il d'ailleurs si facile à manier?

M. Bertin semble le croire; et, si la loi de 1836 n'a pas donné partout les fruits qu'il a recueillis lui-même, il semble que cela tienne uniquement à ce que les proscriptions de cette loi, sur le mode d'exécution des travaux, ont été trop vagues, et à ce qu'elle n'a pas investi exclusivement l'autorité sous-préfectorale.

Nous oserons faire remarquer à M. Bertin que, pour avoir déployé une science et un zèle administratifs, dignes des plus grands encouragements, il n'a pas, pour autant, le droit d'exiger ce zèle et surtout cette science, de tous ses collègues. Et d'ailleurs, par le temps de favoritisme, d'expédients politiques et de manœuvres électorales qui court, M. Bertin voudrait-il charger tous les sous-préfets de la tâche qu'il a si heureusement accomplie?

Non! M. Bertin s'est parfaitement servi d'un instrument qu'il faut améliorer, qui est susceptible de très-bons effets, mais qui n'en est pas moins d'un maniement fort lourd.

D'où vient donc que la France n'offre peut-être pas un second exemple des résultats obtenus par M. Bertin? Et pour nous servir de son expression, d'où vient *qu'il n'y a peut-être pas deux arrondissements en France où la loi soit exécutée de la même manière?* Ce n'est pas seulement à l'imperfection de la loi qu'il faut s'en prendre. La loi a disposé d'une manière générale : c'était au pouvoir exécutif de mettre à profit les ressources qu'elle avait créées ; c'était à lui d'organiser un personnel administratif et de prescrire des mesures organiques propres à tirer de cette loi des résultats féconds et unitaires. A-t-on rien tenté de pareil? Non! et c'est parce que des hommes intelligents d'ailleurs, — maires, sous-préfets, agents-voyers, — n'ont reçu, de l'administration supérieure qui les régit, aucune incitation, aucune instruction de quelque valeur, qu'ils n'ont pas poursuivi, qu'ils n'ont pas même espéré ces résultats ; c'est aussi parce que, n'ayant été ni choisis ni dressés pour une œuvre d'organisation, ces hommes n'ont pas été poussés par cette faculté spéciale, — nous dirions presque — par cet heureux démon qui a inspiré M. Bertin; c'est pour tout cela qu'ils ont laissé un libre cours au gaspillage qui accom-

pagne, qui accuse si généralement aujourd'hui l'emploi de la prestation en nature.

Oui, cet impôt est difficile à manier, et M. Bertin lui-même semble
le reconnaître, lorsque, — après avoir défendu le principe de la prestation contre ceux qui voudraient y substituer une contribution en
argent (qui, en définitive, retomberait toujours sur l'agriculteur),—
après avoir fait remarquer que c'est le capital en argent, et non pas
le capital en travail qui manque à l'agriculture,—il ajoute, comme par
une sorte de contradiction : « Le défaut d'argent force à exécuter avec
la prestation en nature des travaux considérables, pour faire des
routes très-mauvaises et très-rapides, en gravissant des collines es-
carpées et rochues, tandis que, presque toujours, avec un chiffre bien
moins élevé de dépenses, on pourrait, en tournant les collines, avoir
de très bonnes routes sans aucune pente, et d'une exécution facile.
Mais pour cela il faudrait pouvoir acheter les terrains sur lesquels la
route devrait être assise, ce que l'on ne peut faire avec la prestation.
Et, comme on ne saurait espérer d'obtenir que les communes s'impo-
sent extraordinairement pour l'exécution de pareilles améliorations,
dont les habitants de nos campagnes ne comprennent la valeur que
lorsqu'ils les voient accomplies, il serait indispensable de donner aux
préfets, pour le rachat forcé de la prestation en nature, le même *droit
d'office* qu'on leur a donné pour l'imposition de cette contribution.
Autrement il y aura encore, comme cela a déjà lieu forcément dans
l'arrondissement de Fougères, mauvais emploi, gaspillage des ressources des communes. »

Si ces inconvénients se produisent, au moins sur certains points,
avec le système de la prestation, bien que, suivant le rapport du mi-
nistre, cet impôt produise, pour toute la France, 4\|0 en argent et
8\|9 seulement en nature, nous le répétons, c'est que la prestation est,
dans les conditions actuelles, d'un difficile emploi.

Résumons donc cette partie de notre étude, et disons : — Si la prestation en nature devait continuer à être gaspillée comme elle l'est généralement aujourd'hui, nous n'hésiterions pas à nous ranger à l'avis
de ceux qui veulent remplacer cet impôt par une contribution en argent.— Mais si l'on veut en organiser l'emploi de manière à lui faire
produire, sinon tous les résultats que nous avons fait entrevoir, du
moins ceux qu'a obtenus le sous-préfet de Fougères, nous en demandons hautement et résolument le maintien.

Que dis-je ? nous voulons dans ce cas qu'on le fortifie, nous voulons

qu'on le perfectionne, et nous allons tout de suite indiquer et justifier une mesure qui, sans remettre aux préfets le dangereux droit
d'office que demande pour eux M. Bertin, résoudra radicalement la
difficulté qu'il a soulevée à si juste titre.

Nécessité du concours de l'État.

N'est-il pas inconcevable, en effet, que les communes, déclarées mi-
neures par la loi, soient abandonnées à leurs propres ressources, et
que l'État, qui consacre des portions énormes de l'impôt général à
des travaux qui n'intéressent que d'une façon très-éloignée la plupart
des communes rurales, ne songe pas à concourir, dans une certaine
mesure, à l'amélioration des petites et moyennes communications dont
la bonne viabilité a cependant pour effet d'augmenter considérablement
les valeurs foncières, et par suite les revenus de l'État ?

Quel est donc le père de famille qui ne se croie obligé d'apprécier
la situation de ses fils, même majeurs, et de venir à leur secours ?
Quant aux mineurs, il subvient à tous leurs besoins ; aussi maintient-
il tous les membres de sa famille dans une situation à peu près équi-
valente.

Et, ce que le père de famille fait pour ses enfants majeurs, l'État ne
le fait pas même pour ceux dont il a la tutelle ! Quand ceux-ci veulent
agir, il faut qu'ils se fassent autoriser ; et si le besoin les presse, si le
dénuement les accable, ils n'ont aucun recours possible vers leur tuteur !

Aussi qu'arrive-t-il ? C'est que les communes de France présentent
une bigarrure pénible à voir. Les unes, favorisées par leur sol, par leur
situation ou par le hasard des dotations et des donations, sont heu-
reuses, allègres et bien pourvues ; les autres sont souffrantes, tristes
et affamées. Ce père commun qu'on appelle l'État compte quelques
fils privilégiés, chamarrés d'or, tandis que la plupart des autres sont
délaissés et couverts de haillons : il s'enorgueillit des premiers ;
des seconds il ne peut que rougir !

Un cercle vicieux.

Et comme la misère est maudite, comme elle est entachée du cercle
vicieux, — plus une commune a de besoins, moins elle a de moyens de
les satisfaire ; — plus elle manque de communications, plus les routes y
sont difficiles à percer, et moins elle a de ressources pour les ouvrir.
Si l'on tarde à modifier ce régime d'isolement des communes entre

elles et des communes aveo l'Etat, il arrivera un jour (et ce jour n'est pas loin) où telle localité possédera à peine un chemin rural passable, tandis que telle autre sera admirablement pourvue de chemins de toute nature.

Il y a là plus qu'une injustice : il y a un suprême abandon des premiers intérêts du pays, un déplorable oubli des intérêts des communes favorisées elles-mêmes.

Solidarité.

Qui ne voit, en effet, que la misère a sa solidarité fatale, et que le riche est moins riche de toute la pauvreté du pauvre ? Et comment n'en serait-il pas moins riche s'il ne peut parcourir une commune pauvre sans être affecté par un triste contraste, sans pester contre le mauvais état des chemins qui éreinte ses chevaux et brise son équipage, ou s'il est obligé d'acheter fort cher telle denrée que son voisin produit à très-bas prix, mais qui, faute d'une bonne route, ne peut rivaliser sur le marché de la ville avec des produits similaires, venus souvent de fort loin, quelquefois même de l'étranger, par des moyens économiques ?

Il faut donc que, dans l'intérêt même des communes riches, l'État subventionne les communes pauvres, par voie d'encouragement, en raison directe des efforts proportionnels déployés par ces communes pour se créer une bonne viabilité rurale.

Ce principe si humain, si chrétien, si rationnel, en craindrait-on les conséquences ? J'entends d'ici les logiciens s'écrier : Si l'État agit ainsi envers les individualités collectives appelées communes, on ne voit pas pourquoi il n'agirait pas de même envers les citoyens déshérités de la fortune; car le spectac'e tristement bigarré que présentent les unités communales, nous le retrouvons plus pénible encore si nous comparons les particuliers entre eux.

Pour nous qui professons que l'association entre les hommes est dans les desseins providentiels tout aussi bien que l'association entre les communes, une pareille conséquence n'a rien de redoutable. Si elle offre aujourd'hui des dangers, ou plutôt des impossibilités, ces impossibilités ne sont pas inhérentes à la nature du principe posé; elles tiennent uniquement aux conditions mauvaises du milieu social où nous vivons. Et, au surplus, en ne tenant pas compte des infortunes individuelles, l'État est, jusqu'à un certain point, dans son droit *actuel*, puisqu'il ne vient, directement ou indirectement, au secours de personne en particulier ; tandis qu'en subventionnant les communes pauvres, en favorisant chez elles l'exécution de travaux qui doivent développer leur prospérité spéciale, et partant la prospérité nationale, l'État ne fait que leur restituer une part des contributions générales, dont il emploie la plus forte partie à doter, sous forme de canaux, de chemins de fer, etc., des localités déjà favorisées par la nature ou par des travaux antérieurs..

Cas et formes du concours de l'État.

C'est généralement dans les pays de montagnes, là où les ressources sont moins nombreuses et où cependant l'ouverture d'un chemin nécessite plus de travaux d'art, que l'État, après une mûre appréciation, après un équitable examen des besoins généraux, doit porter le plus de ressources. C'est là que, par des subventions en argent, il doit fournir les moyens d'opérer ces acquisitions de terrains dont parle M. Bertin, et d'exécuter ces ponts, ces tunnels, que ne comporte pas la prestation en nature.

Déjà le principe de la subvention par le département est admis par l'article 8 de la loi de 1830 ; déjà l'article 11 de la même loi, interprété par la circulaire ministérielle, met le personnel des agents-voyers à la charge du budget départemental. Mais cela ne suffit pas. C'est l'État lui-même qui doit venir en aide aux plus petits intérêts communaux comme il subvient aux dépenses des plus grands travaux publics. L'État doit agir—régulièrement et directement, sur les relations d'ordre général,—exceptionnellement et indirectement, sur les relations d'ordre inférieur. — Aussi ne devrait-il accorder de subvention aux communes nécessiteuses que sur leur demande motivée, sur l'avis des conseils d'arrondissement et de département d'une part, et d'autre part sur le rapport des ingénieurs ordinaires et des ingénieurs en chef, appuyé par l'inspecteur divisionnaire. Peut-être même ne devrait-il voter les fonds de subvention que dans le cas où le département consacrerait à la commune pétitionnaire un article de son propre budget de dépenses.

L'impôt de prestation s'élève aujourd'hui à 60 ou 70 millions. — Une vingtaine de millions bien distribués, judicieusement répartis, féconderaient ce budget total et en élèveraient la puissance réelle à plus de cent millions.

Du principe et de l'assiette de la prestation.

Notre étude nous a conduit à accepter et presque à préconiser la

prestation en nature. Nous consentons à oublier le caractère de coër-
cition personnelle qui est son vice d'origne, en faveur des beaux germes d'organisation et de conciliation sociale qu'elle porte en elle, et
que développeront rapidement un judicieux emploi et une habile combinaison des éléments qu'elle met en présence.

Mais, si nous admettons l'impôt de prestation, eu égard à ses mé-
rites *actuels*, ce n'est pas à dire que nous acceptions le principe suivant lequel il est assis.

Théorie de l'impôt.

En bonne justice, c'est sur les bénéfices seuls que l'impôt devrait
être prélevé ; celui-là seul doit subvenir aux charges publiques, qui
augmente réellement sa fortune. Il en sera ainsi dans les sociétés bien
organisées : elles ne commettront pas l'immoralité de demander l'impôt à qui ne réaliserait que des pertes.

Mais une société qui a érigé en principe l'odieuse maxime : *chacun
pour soi, chacun chez soi*, devait, par voie de conséquence, favoriser,
recommander même les ténèbres de la spéculation et de l'industrie.
Aussi a-t-on muré la vie commerciale comme on a muré la vie privée.

Que pouvait, que devait faire l'État ? Obligé de respecter ces déce-
vants mystères, tant qu'ils sont protégés par les mœurs, ignorant le résultat final des opérations de chaque citoyen, l'État devait chercher une
base saisissable, tangible, pour y édifier l'impôt. Ainsi a-t-il fait. Ne
pouvant s'adresser aux produits, il s'en est pris au capital mobilier et
immobilier.

Tant pis pour qui ne sait pas tirer parti des valeurs dont il dispose ! Demeurassent-elles complètement improductives, ces valeurs,
par cela seul qu'elles existent, doivent payer tribut.

L'État ne peut pas, il ne sait pas assurer au capital social, dissé-
miné dans des mains souvent inhabiles, toute sa puissance reproduc-
tive ; mais il lui suffit de savoir que le capital a caractère reproductif
pour l'imposer en raison du revenu dont il le suppose capable. —
L'État agit là, comme tous les impuissants ; il punit durement de
leur incapacité spéciale et relative tous ceux qu'il ne sait pas enrichir
par l'association des intérêts et des facultés diverses.

Injuste et aveugle au point de vue individuel, ce prélèvement uniforme de l'État sur les valeurs mortes ou vives de la communauté, est

d'une haute moralité sociale. Dans un monde où les intérêts sociaux sont abandonnés au caprice de chacun, il faut bien que chacun supporte les risques et périls de l'isolement dans lequel il se cantonne, et c'est une des punitions infligées par la justice éternelle aux sociétés constituées au profit exclusif du capital, qu'elles soient réduites à frapper le capital, sans distinction des mauvaises chances, sans appréciation de l'incapacité directrice ou des fausses spéculations.

C'est d'ailleurs, répétons-le, c'est la seule base d'impôt admissible aujourd'hui, la seule qui corresponde à l'économie de la perception et même à une répartition relativement équitable, puisqu'en définitive tel qui ne sait pas exploiter sa propriété peut, s'il le veut, lui faire subir, par la vente ou par l'échange, une transformation qui la mette plus en rapport avec ses goûts, ses facultés et son caractère.

Prestation et capitation.

Est-ce sur cette base qu'est assis aujourd'hui l'impôt de prestation?

Non! On l'a dit avec vérité, la prestation en nature a le caractère d'une capitation, c'est-à-dire d'un impôt par tête, sans examen de la fortune.

A ceux qui lui reprochent uniquement de rappeler la corvée féodale, on répond avec raison qu'entre la prestation pesant sur tous, dans l'intérêt de tous, et la corvée féodale, établie seulement sur les classes pauvres, dans l'intérêt des classes privilégiées, la différence est évidente, radicale.— Mais la question est de savoir, non pas si, contrairement à ce qui avait lieu sous le régime féodal, l'impôt pèse aujourd'hui sur tous, mais bien s'il pèse sur tous également, proportionnellement. Car, s'il pèse inégalement sur les citoyens intéressés aux travaux de la prestation, cet impôt est contraire au principe même de notre constitution politique.

Or, avec l'assiette actuelle de l'impôt de prestation, peut-il arriver et arrive-t-il tous les jours que tel propriétaire habitant un château, payant mille francs d'impôt, ayant à son service trois domestiques et dans son écurie deux chevaux, fournisse 9 jours de travail d'hommes et 9 jours de travail de chevaux seulement, tandis que le propriétaire-cultivateur, employant à son exploitation le même personnel et le même nombre de chevaux, mais dont la propriété foncière ne paie que cent francs, fournit la même prestation en nature? Et, à côté de ces prestations si inégalement imposées, arrive-t-il que le chef de famille, chargé d'enfants et de neveux, fournisse pour chacun d'eux trois journées, bien qu'il ne soit porté lui-même au rôle des contributions directes que pour une cote insignifiante ?

Nous demandons si tout cela est juste, si tout cela est conforme à la Charte.

Il semble que poser cette question, c'est la résoudre. Et pourtant les Chambres ne l'ont pas résolue ! On leur a proposé un amendement ayant pour but d'excepter de la prestation ceux qui ne paieraient pas de contributions égales à la valeur de quatre journées de travail ! Et cet amendement a été rejeté ! !

Comment doit être assis l'impôt de prestation.

Ici revient l'objection que M. Bertin a victorieusement combattue : « Mais vous voulez donc substituer à l'impôt de prestation une contribution en argent ? »

Dieu nous en garde ! Que deviendraient alors nos brigades de prestataires corporisés et *rivalisés?* Non ! Nous voulons qu'au lieu d'être calculée par têtes, la prestation soit fixée en proportion de la contribution directe, et qu'au lieu de pouvoir être transformée en argent, elle puisse être transformée en nature. En un mot, nous voulons renverser les termes de l'article 4 de la loi de 1836, qui dit : « La prestation sera appréciée en argent conformément à la valeur attribuée à chaque espèce de journée.» Nous voulons qu'il dise : « La part contributive de chacun étant déterminée d'après le montant des contributions directes qu'il paie dans la commune, on calculera, en raison de la valeur attribuée à chaque espèce de journée, le nombre de jours que devra fournir le prestataire qui déclarera vouloir acquitter l'impôt en nature. »

Devant la simple admission de ce principe disparaissent, non-seulement les inégalités de charges qui blessent les yeux les moins clairvoyants, mais toutes les difficultés que présente aujourd'hui l'exécution de la loi de 1836, soit lorsqu'il s'agit d'apprécier l'invalidité ou l'indigence du prestataire, son état de chef de famille ou d'établissement, etc., soit lorsque le prestataire habite à la fois deux communes, ou seulement lorsque, son domaine embrassant deux communes, il l'exploite au moyen des mêmes hommes, des mêmes animaux et des mêmes équipages ; — difficultés que la circulaire ministérielle n'a que très faiblement élucidées, difficultés telles qu'il suffit de relire les discussions qu'elles ont soulevées dans les deux Chambres pour reconnaître

que l'assiette actuelle de la prestation est fausse, arbitraire et oppressive.

Remarquons, d'ailleurs, que la loi de 1836 admet — simultanément —
deux principes dont les conseils municipaux peuvent user séparément
ou concurremment, encore bien qu'ils pèsent d'une manière fort iné-
gale sur les divers contribuables : nous voulons parler du principe de
la prestation en nature et de celui des cinq centimes spéciaux. — Se-
rait-ce que trois journées de corvée auraient été considerées par nos
législateurs comme la limite de ce qu'on peut, sans danger, exiger
du citoyen dans la pauvreté ou tout au moins dans la gêne?...

Nous le disons sans crainte, si ceux qui ont voté la loi de 1836 n'eussent pas été tous des censitaires de 500 francs et plus, ils eussent certainement trouvé la solution rationnelle, libérale et constitutionnelle
que nous venons d'indiquer, et dont on ne saurait sans injustice refuser l'adoption.

RÉSUMÉ.

Toutes les fois qu'il s'agit de réparer ou d'améliorer un édifice, on ne peut se dispenser d'étudier les rapports des parties endommagées ou mal construites avec celles qui s'y rattachent; et, de fait, dès qu'un constructeur veut remplacer une poutre, il lui faut sonder les poutres voisines et souvent même fouiller le mur où toutes sont directement ou indirectement engagées.

Nous n'avons pu déterminer la réforme qu'appellent la grande et la petite voirie, sans aborder la question générale des Travaux publics, ni concevoir les données et la solution de ce dernier problème, sans porter nos regards sur les questions adjacentes, et jusque sur les éléments constitutifs de la société qui résume en elle et enveloppe toutes les questions.

Nous avons dû même attaquer d'abord le problème par son côté synthétique. Ce que le constructeur fait dans l'espace, nous l'avons dû faire dans le temps. Avant de déterminer la nature et l'ordre des travaux de réparation, il examine l'édifice total, et pour ainsi parler, il en fait le tour. Nous avons, nous, considéré le fait futur, avant d'aborder le fait actuel; nous avons construit l'idéal, avant de prendre la réalité corps à corps.

La question spéciale que nous avions en vue exigeait cette marche plus impérieusement que toute autre question, car les travaux publics s'appliquent et viennent en aide à toutes les autres fonctions administratives, — et c'est même là une preuve de leur haute utilité sociale; c'est aussi la justification de l'ordre que nous avons suivi et des digressions auxquelles nous n'avons pu échapper dans le cours de notre travail.

Quelles sont les mesures les plus propres à donner aux Travaux publics une impulsion économique, unitaire, sociale ? En d'autres termes, quelle est la meilleure organisation des Travaux publics ?

Le problème ainsi posé dans sa plus grande généralité, nous l'avons étudié sous quatre faces : — application de l'armée aux travaux publics, — création d'une armée des travaux publics, — réforme des ponts-et-chaussées, — organisation du service des chemins vicinaux.

L'examen des intérêts engagés dès maintenant dans la question, et l'appréciation de ceux qui s'y rattachent dans l'avenir nous ont conduit tout d'abord à concevoir un ensemble de dispositions qui aboutissent toutes à un cadre, à un organisme que nous avons désigné sous le nom d'*Armée des Travaux publics*.

Ce nom, qui peut au premier abord mal-sonner à quelques oreilles, nous l'avons adopté, non-seulement parce qu'un ingénieur des ponts-et-chaussées, M. Krantz, l'a inscrit en tête de son projet, mais parce que, sauf les différences d'application que comporte la différence du but, ce mot d'armée exprime mieux que tout autre aujourd'hui l'idée d'un corps organisé.

Nous avons même dû nous demander avant tout si l'armée actuelle, si l'armée de la guerre, qui nous a donné déjà et qui nous donne encore en Algérie des preuves de sa puissance productive, ne pourrait pas, acceptant graduellement les modifications que réclame le progrès des idées, tirer de son sein l'armée de la paix, et prouver ainsi d'une façon éclatante que, pour elle comme pour tous les hommes réfléchis, c'est dans la paix et dans l'activité productive que réside la vraie fin sociale, tandis que la guerre n'en est tout au plus qu'un moyen indirect, — triste moyen, que la grandeur de la fin parvient à peine à justifier.

Mais, sur ce champ de discussion, nous avons rencontré toutes les objections que le présent a de tout temps opposées à l'avenir, tous les obstacles que la routine a toujours amoncelés devant le progrès. Mauvais vouloir, faux raisonnements, calculs erronés, préjugés, ignorance, toutes ces ronces du passé se dressent d'une façon désolante sur ce sol généreux ; elles l'embarrassent, elles étouffent les germes féconds qu'il recèle et qui ne demanderaient qu'à s'épanouir.

L'application de l'armée de la guerre aux travaux de la paix présente deux graves difficultés : difficulté pour faire accepter l'idée, difficulté pour la réaliser. En demandant la création d'une armée des Travaux publics, on amoindrit la seconde difficulté ; mais la première augmente : en effet, créer de toutes pièces une armée de la paix, c'est là une idée hardie, grandiose, éminemment propre à donner carrière aux contempteurs d'utopies. Et cependant, qu'un homme capable, qu'un esprit organisateur, ayant la persévérance et la fermeté qu'inspire une conviction raisonnée, qu'un tel homme puisse et veuille s'emparer de cette idée, et bientôt elle aura tenu toutes ses promesses : — postion équitable des divers agents, — éducation professionnelle des classes ouvrières, — popularisation des meilleures méthodes, — bonne exécution des travaux, — heureuse transformation dans les idées et dans les rapports sociaux et industriels, — conciliation des classes, — création d'institutions d'association et de *garantisme*, — combats réguliers contre les fléaux, — réserve de l'armée de la guerre, — suppression progressive de l'impôt du sang, — prévoyance sociale pour tous les déshérités, — propagation du bien-être général et des sentiments affectueux,—enfin, dans une mesure plus ou moins large et pour une époque plus ou moins prochaine, émancipation réelle des travailleurs par l'introduction de la variété émulative dans le travail, et par l'organisation libre et unitaire de l'activité sociale.

Si, des hauteurs de cet idéal, nous laissons tomber nos regards sur le principal organe de l'administration actuelle des Travaux publics, sur les Ponts-et-Chaussées, — quel triste sujet de réflexions ! Ici la hiérarchie, plus absorbante que celle dont l'armée nous offre le type, se montre aussi plus exclusive; ici, contrairement au vœu du pacte constitutionnel, il est des agents pour qui le bâton de maréchal n'existe pas. Eussent-ils le génie d'Archimède, les conducteurs des ponts-et-chaussées restent inconnus, repoussés, écrasés à la base de la pyramide dont le directeur général est le sommet.

Pour ne considérer ici que les conséquences anti-économiques de ce déni de justice, il est facile de prévoir que les hommes qui en sont victimes, se trouvant entravés dans leurs mouvements di-

rects, vont chercher à agir par déviation, à moins que le sentiment élevé de l'ordre ne développe en eux une résignation salu-
taire. Des deux côtés, la société ne peut qu'être lésée : la déviation
se produit-elle, il y a lésion par lutte de l'intérêt individuel contre
l'intérêt collectif; si la résignation se manifeste, il y a lésion par
inertie. Disons-le tout de suite, l'inertie des agents sacrifiés est
pour l'État la plus désastreuse source de déperditions.

L'ambition, le désir d'avancement, sont des forces vives, des
passions humaines, et les passions humaines sont incompressibles.
L'État semble le comprendre, du moins en partie : s'il ne cherche
pas à tirer de ces forces vives des effets convergents, on voit qu'il
se prémunit de son mieux contre les effets subversifs. Il multiplie
les contrôles, les formalités, sans s'apercevoir que les forces ainsi
préposées à combattre le mal sont plus dispendieuses que ne le
serait le mal lui-même; et le mal ne s'en produit guère moins, et
les administrateurs généraux ne réfléchissent pas qu'en plaçant
les agents de la surveillance dans des conditions plus libérales,
plus équitables, ils pourraient simplifier les contrôles et diminuer
du même coup la dépense et le danger des sinistres.

Les conducteurs des ponts-et-chaussées sont placés dans une impasse, et notre constitution politique n'admet pas d'impasse. La
situation de ces agents n'est donc pas seulement inique, elle est
illégale.

Beaucoup d'autres pensent ainsi, beaucoup d'autres demandent
comme nous la réforme d'un état de choses si préjudiciable aux intérêts de l'État. Dans son projet de création d'une armée des Travaux publics, M. l'ingénieur Krantz détermine les règles d'avancement de tous les soldats de la paix ; nous adhérons à ces règles,
et toutefois, nous avons formulé, dans un programme motivé, celles qui devraient, dès à présent, régir l'avancement de tous les fonctionnaires des Ponts-et-Chaussées. Outre les dispositions qui doivent assurer l'émancipation des conducteurs, et que n'a pas même
abordées M. Jayr dans son programme du 31 mai, le nôtre contient
des règles dont quelques-unes sont le contre-pied des mesures pres-
crites par le ministre.

Aucuns demanderont peut-être pourquoi nous refusons aux

élèves des écoles centrales le privilège d'être admis, de préférence, au concours. Nous n'avons cependant contre eux ni prévention, ni antipathie; mais, comme évidemment ils se présenteront aux examens avec plus de chances que les utiles agents qui seront obligés de mener de front les études théoriques et les travaux pratiques, nous ne voyons pas pourquoi on créerait un privilège contre ceux-ci en faveur de ceux-là.

Il ne nous a pas été difficile de démontrer, d'ailleurs, combien notre programme est supérieur à celui du ministre, sous le rapport de l'ordre et des garanties administratives, comme sous le rapport de la justice. Nous ne parlons pas du côté libéral et progressif, outrageusement méconnu par l'administration générale, et notamment par le sous-secrétaire d'État, de qui nous avons rapporté deux circulaires.

De ces circulaires, la première récrimine contre les sollicitations individuelles que l'autre ne peut manquer de propager. Aussi, en sortant de la salle d'examen où auront été rédigés les *avis d'admissibilité*, les candidats-conducteurs bien avisés, ceux qui tiendront à être déclarés définitivement admissibles par la direction générale, se hâteront de visiter leurs protecteurs et d'assiéger les bureaux, laissant ainsi de côté les termes de la circulaire du 10 mars 1843, et se conformant à l'esprit de celle du 7 juillet 1847,—car ceux-là comprendront que la lettre tue et que l'esprit vivifie.

Mais jetons un voile sur cet acte de mauvaise administration. Tout, de ce côté, reste à faire, ou pour mieux dire, tout est à réparer. Nous n'en félicitons pas M. Legrand; nous gardons nos félicitations pour le ministre qui voudra procéder à l'organisation générale des Travaux publics, et graver son nom dans la mémoire de tous les constructeurs.

Ce ministre fera une œuvre vraiment grande, vraiment mémorable, s'il accepte franchement les principes que nous avons dû émettre dans le cours de ce travail et qui en constituent en quelque sorte le corps de doctrine. Et nous ne parlons pas seulement ici des principes universels de justice qui ne veulent pas qu'un seul agent soit sacrifié à une organisation étroitement conçue;

nous parlons aussi de ces principes qui intéressent l'avenir de la société tout entière.

Nous plaçons en première ligne ce que nous avons dit sur l'organisation du travail par brigades émulatives, soit qu'on applique enfin l'armée guerrière à la production, soit qu'on se décide à créer une armée de la paix.

Une telle organisation du travail suppose qu'à la concentration administrative établie par l'Empire, on substituera la centralisation rationnelle dont nous avons donné une idée en parlant des sphères administratives, de la hiérarchie des travaux publics et de la distribution des fonctions. Appliquée à l'administration des Ponts-et-Chaussées, cette substitution aurait pour effet de rendre aux inspecteurs généraux, et surtout aux inspecteurs divisionnaires, l'initiative et l'influence qui leur reviennent légitimement, de simplifier les rapports des fonctions entre elles, et de renfermer les diverses natures de travaux dans leur cercle naturel, en constituant sur sa véritable base l'unité administrative.

C'est en parlant des chemins vicinaux que nous avons ouvert ces perspectives; nous avons montré que, là aussi, la véritable centralisation replaçait dans leur rôle, préfets, sous-préfets, maires, conseillers de département et d'arrondissement, et qu'en garantissant au service vicinal les bienfaits de son unité spéciale, l'adjonction de ce service au service des Ponts-et-Chaussées devait être le premier acte de l'établissement de l'unité générale en système de Travaux publics.

Ce que nous disions tout à l'heure des Travaux publics, nous le pouvons dire des chemins vicinaux. Ils touchent à tous les intérêts, à toutes les fonctions sociales. Aussi est-ce à leur occasion que nous sommes revenu sur l'idée des services destinés à combattre partout les fléaux, à réparer partout les grands désastres, et que nous avons particulièrement insisté sur les moyens d'équilibrer le travail général, et sur l'œuvre de conciliation générale des individus, des familles, des classes, des unités territoriales, —toutes choses que nous avions déjà indiquées en décrivant l'armée de la paix et en proposant l'utilisation de l'armée de la guerre.

Les chemins vicinaux et l'examen de la contribution spéciale qui pourvoit à leur confection nous ont amené à discuter le principe et l'assiette de l'impôt de prestation. Acceptant *provisoirement* le principe, nous avons proposé une assiette plus équitable que celle de la loi de 1836, et considérant la prestation comme instrument de travail, nous l'avons à la fois condamnée et adoptée, selon qu'elle continuerait à être gaspillée ou qu'on se déciderait à en organiser l'emploi sur les bases que nous avons indiquées et que justifient pleinement les succès obtenus par M. le sous-préfet de Fougères.

C'est à ce propos que nous avons demandé le concours de l'État, discuté la théorie de l'impôt et montré la solidarité qui lie, dans le bien comme dans le mal, les unités territoriales.

Si tant de thèses soulevées par une seule question n'en attestaient suffisamment l'importance, on n'aurait, pour s'en convaincre, qu'à interroger la diversité des opinions émises sur le classement des chemins vicinaux dans les attributions de tel ou tel ministère. Ils sont confiés aujourd'hui au ministère de l'intérieur : on a proposé de les remettre au ministère de l'agriculture... Pour nous, qui voyons qu'aucun de ces ministères n'est organisé pour bien diriger des travaux de cet ordre, nous en chargeons le ministère des Travaux publics. Compétence des agents, éléments faibles sans doute, mais disposés pourtant dans le sens d'une direction unitaire, enfin économie de ressorts, tels sont les avantages que substitue aux inconvénients de tout autre classement le classement que nous proposons.

Ces avantages seront éclatants, et les conséquences en seront incalculables, si l'esprit d'organisation pénètre les sous-ingénieurs chargés du service vicinal, s'il anime la direction générale des Travaux publics, s'il lui inspire le désir et la volonté de réaliser, par une impulsion forte, soutenue, éclairée, cette organisation du travail social, cet équilibre du travail général, qui seraient dès-lors le point de départ de l'œuvre rédemptrice proposée au monde sous le nom d'ORGANISATION DE L'INDUSTRIE.

Et si, comme d'aucuns l'affirment après s'en être assurés par une étude sérieuse, approfondie, si l'idée de *l'Organisation de l'industrie* contient la solution du paupérisme et conduit à la diminution graduelle de tous les crimes qui se rattachent de près ou de loin à cette lèpre de nos sociétés modernes, si cette idée place le citoyen dans l'exercice régulier de ses droits, en même temps qu'elle garantit à la société l'accomplissement de tous les devoirs, est-il besoin d'ajouter que, par cela même, elle va droit à l'établissement du bonheur général sur cette terre?

Il n'en faut pas tant sans doute pour exciter dans tout cœur généreux l'ambition de fonder ou le désir de seconder une organisation si féconde en résultats grandioses. Nous touchons à une époque où les palmes pacifiques assureront, elles aussi, l'illustration trop exclusivement réservée jusqu'ici aux entreprises guerrières. Dans le domaine des travaux de la paix, il y a de belles palmes, des palmes mûres à cueillir. L'homme qui voudra, qui pourra donner le signal de la moisson, n'aura pas seulement des droits à la reconnaissance des hommes d'art; il est assuré de conquérir une grande et belle place dans les souvenirs de la nation, dans les annales de l'Humanité.

FIN.

Ouvrages du même auteur.